九歌小教室 3

表達，為童話譜寫美麗的樂章

管家琪 著

讀童話學作文

進階

目 錄

前言

關於
讀童話學作文

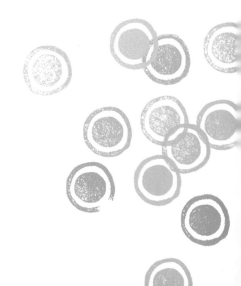

寫給大朋友的話

　　經常會聽到小朋友說：「其實我也不是真的就那麼討厭作文，我只不過是不喜歡寫老師教我們寫的題目。」確實，好的作文題目不僅能夠提高小朋友提筆的興趣，也有助於激發他們的思路，每次在和老師們做作文教學的講座時，我總是會建議老師們，對於要求小朋友寫什麼樣的題目一定要好好多費一些心思，有時甚至不妨也可不限題目，讓小朋友愛寫什麼就寫什麼，首先只要讓小朋友願意寫、喜歡寫，這是最重要的，千萬不要一開始就一股腦兒地拚命向小朋友轟炸什麼所謂的作文技巧。

　　因為，「多讀多寫」永遠是提高作文能力的不二法門，這是不可能有捷徑的，如果小朋友的程度還不夠，甚至對於要提筆寫一點東西這件事根本還絲毫興趣也沒有，這個時候你硬塞給他再多的作文技巧也是白搭；反過來說，如果小朋友願意寫、喜歡

寫，寫多了下筆自然就沒那麼困難，也自然就會慢慢進步，這就好像一個再怎麼拙於言詞的人，如果樂意主動地經常開口說話，久而久之對於要闡述一個想法和意念自然也就不會覺得那麼的困難。凡事都是會熟能生巧的。

所以我這幾年在帶小朋友閱讀寫作營的時候，總是會留一點讓小朋友自由發揮的空間，這個時候我就發現，小朋友最喜歡寫的就是童話。

這也難怪，童話不僅是兒童文學中最重要的一種文類，也一直是最受小朋友喜愛的一種文類。童話寫作特別需要一顆飽滿的童心，才能發揮自由奔放的想像力。我們常常用「童心未泯」來讚美大人，可是，對於大多數的孩子們來說，他們根本就不缺童心，他們的童心還非常充沛，他們根本就還生活在童話裡！所以，我覺得如果能夠讓孩子們試著來寫一寫童話，是一個很好的練筆方式，寫多了，孩子們對於如何用字遣詞、如何表達一個構思、如何把一件事（一個故事）說清楚（這些其實就是作文的基本能力），自然就都會有所心得。

不過，接下來的問題是，童話寫作不僅需要豐富的想像力，也很需要駕馭這個想像的能力；這也好像是寫其他文類的作文，光是有一個很棒的構思和題材還不夠，你還需要一種能夠把它好好表達出來的本事。而關於童話寫作的技巧，偏偏往往都是只能意會、很難言傳。我想，不只是我，大概每一個作家都經常會碰到讀者好奇地詢問「你的哪一個故事是怎麼寫出來的？」，面對這種「大哉問」，想要做具體的解說，實在是很不容易。

　　現在，「讀童話學作文」這套叢書，我要做的就是努力把本來很難言傳的東西，盡可能具體地說出來，同時還要說得清楚，說得有趣。我的主要訴求對象是小朋友。我們在教小朋友任何事情的時候，都會打比方，告訴孩子們「你看這個就好像什麼什麼」，孩子們比我們大人更需要從具體的事物去尋找已有已知的經驗，再以這些經驗做為基礎去學習新的事物，這也就是為什麼我要採取「夾議夾敘」的原因；我想做的就是在梳理整個童話發展脈絡，以及討論童話寫作技巧的同時，一方面讓小朋友看故事，另一方面讓小朋友從看故事中領會我所要傳達的一種觀念和

技巧，從而對於這些抽象的技巧能夠有所掌握。此外，我也收錄了一些小朋友的童話習作，這些作品如果站在比較嚴格的作文角度來考量，或許很多都不能算是最優秀的作品，但是我覺得還是很有可取之處，而且都可以讓小朋友更進一步地了解寫作技巧，並激發小朋友動筆的興趣和信心。

此外，這套叢書雖然主要是針對小朋友而寫，三本書是按照由淺入深的層次，但是對於想要指導小朋友嘗試童話寫作，或是自己本身想要嘗試童話創作的大朋友，應該都還是有一些參考價值的吧。童話是屬於我們每一個人的，只要你有心去親近，你就可以在童話的世界裡自由翱翔。

管家琪

寫給小朋友的話

　　親愛的小朋友，這套叢書主要是為你們而編寫的。

　　你們一定讀過不少很棒的童話，譬如《安徒生童話》、《格林童話》、《天方夜譚》等等，不過未必清楚它們究竟是棒在哪裡；而當你在讀很多很多精彩的童話的時候，或許也曾興起過「我也想來試著寫寫童話」的念頭，可是你未必知道究竟該如何下手。

　　現在，這套叢書，一方面要告訴小朋友「童話」到底是怎麼來的（童話的歷史），還要告訴小朋友，如果你想嘗試寫童話，該從哪些地方著手最為可行和有效，而如果想要精益求精，你也會學習到該掌握哪些重要的寫作技巧。

　　閱讀這套叢書，你們將展開一趟愉快的童話之旅，並且從閱讀很多好聽的故事以及欣賞很多佳作的過程中，逐漸領會有關童

話和作文很多有趣的東西。

　　祝大家旅途愉快！盡情享受這迷人的童話吧！

管家琪

1

童話的關鍵元素

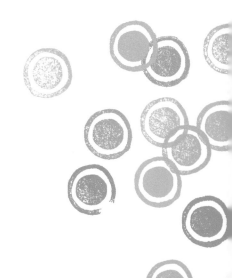

就好像好吃的糖醋排骨少不了糖，好吃的三杯雞少不了辣椒，好吃的蒜蓉菠菜少不了大蒜一樣，每一篇（或每一本）成功的童話都必定至少具備著某種或多種元素。

　　是哪些元素呢？我認為無非是下面十項。

　　為了讓大家更方便領會，我分別列舉了一些在我心目中都是極具代表性的例子。這同時也算是一份必讀的優秀童話的書單。

　　必須要強調的是，這十個元素都是我站在一個讀者的角度，再結合我自己的寫作經驗所整理出來的。當然不是說每一篇童話都得同時具備這十個元素，有的時候在一篇童話作品中，只要能夠把某一個元素譬如「機智」、「誇張」，或「幽默」等等發揮得淋漓盡致，就會非常成功，就會是一篇優秀的童話。

　　我覺得如果我們在欣賞童話的時候，也能夠經常帶著一點分析的態度來審視許多傑出的童話作品，就會發現一篇童話之所以會那麼精彩、那麼令人印象深刻、那麼令人在看過之後很想和別人分享，都是有理由的，而其中重要的理由之一，就是你一定可以從中找到某種元素；我稱之為「童話的關鍵元素」。

元素1　想像力非常飽滿

其實，不管是成人文學或是兒童文學，在兒童文學中又不管是童話或是小說，都很需要想像；可以說只要是文學創作，都不能沒有想像，否則就是紀實文學或是新聞報導了。如果問什麼是一個作家最重要的天分所在，要成為一個優秀的作家需要具備哪些特質，我覺得有兩個，第一個就是想像力，優秀的作家總是才思敏捷，甚至可以說經常會有些奇思妙想（雖然作家本人並不見得經常寫童話）；另一個則是同理心，能夠盡可能地去理解不同性格的人，理解為什麼同樣一個問題會有那麼多不同的看法，不會堅持只從自己的角度去看問題。

要從事童話創作，那更是需要非常豐富的想像力。因為，「童話」這個文體最重要的特性就是「超脫現實」，所以在故事中一定要盡可能地創造出一些現實生活中所沒有或者根本不可能

發生的人、事、物。想像力飽滿的童話，讀起來總是會讓人感到非常痛快，非常過癮，甚至會有一種拍案叫絕之感；而相反的，如果是在閱讀的過程中會讓人產生「味同嚼蠟」之感的童話，其中最大的問題往往就是出在缺乏想像力。

｜故 事 欣 賞｜

《愛麗斯漫遊仙境》　　　路易斯‧卡洛爾

《哈利波特》系列的作者，英國作家J.K.羅琳從小就是一個很喜歡看書的小書蟲，也從小就很喜歡編故事，她在快要五歲的時候就已經經常編故事給比她小兩歲的黛安娜聽。J.K.羅琳編的故事常常都是以同一句話做為開場白：「有一天，黛安娜一不小心，掉進了一個兔子洞……」結尾則往往都是這一句：「兔子洞裡的小兔子們，非常客氣、非常熱情地餵黛安娜吃草莓，黛安娜在兔子洞裡玩得非常愉快。」至於中間呢？則幾乎每一次都不一

樣。

這樣的故事架構明顯地有著《愛麗絲夢遊仙境》的色彩。《愛麗絲夢遊仙境》全書的第一章就叫做〈掉進兔子洞〉，那隻一直看錶、一直念叨自己要遲到的兔子在開場第二段就出現了：

愛麗絲挨著她的姊姊坐在河邊，由於無事可幹，開始覺得無聊。她剛才對姊姊正在閱讀的書本瞧了一兩眼，可是書上既沒有圖畫，也沒有對話，愛麗絲覺得：「一本書既沒有圖畫，又沒有對話，那有什麼用處呢？」

因此她在自己心裡琢磨著（她盡可能這麼做，因為這炎熱的天氣把她弄得昏昏欲睡，呆頭呆腦），編一個雛菊花環的樂趣，是不是值得她不怕麻煩。愛麗絲爬起身來，去一朵一朵地採摘雛菊。這時候，突然有一隻粉紅眼睛的大白兔跑到她跟前來。

我們不知道愛麗絲是在什麼時候進入夢鄉的，也許是在她考慮要不要編一個雛菊花環的時候，或是在她由於無事可幹覺得無

聊的時候，但無論如何當兔子出現的時候，夢遊仙境已經拉開了序幕，節奏可說非常明快，簡直一點廢話也沒有。

全書結束的時候同樣非常簡潔：

……此話一出，整副撲克牌便騰空而起，再紛紛飄落到她身上來。她發出短短一聲尖叫，半是驚恐，半是憤怒，同時試圖把那些撲克牌趕開，卻發現自己正睡在河岸邊，頭正枕在她姊姊的腿上，姊姊正在把一些從樹上紛紛飄落的枯葉輕輕撣開。

「醒醒呀，親愛的愛麗絲！」姊姊說：「哎呀，妳睡了多久了啊！」

「哦，我做了一場多麼稀奇古怪的夢呀！」愛麗絲說。於是，她盡自己記憶所及，把在夢中那些奇妙的經歷全部都講給姊姊聽……等她講完了，姊姊親親她，說：「親愛的，那確實是一場奇怪的夢，不過，現在我們該回到屋裡去喝茶點了，我們可能得用跑的了，因為時候已經不早啦。」

愛麗絲很聽話，站起來便跑，一邊跑，一邊還在想，剛才那

場夢是多麼美妙的夢啊……

　　愛麗絲醒了以後，不到一千字，全書就結束了。這本書，在如此簡潔的一頭一尾之間，全是愛麗絲在夢中一連串稀奇古怪的經歷，充滿了豐富飽滿的想像力，譬如愛麗絲喝了一瓶飲料就忽然變小、吃一口蛋糕又忽然變大，會逐漸隱身、最後只剩下一個笑容的柴郡貓，喜歡出謎語的製帽匠，動輒就大發雷霆的紅心皇后等等，都是非常經典的段落。

　　《愛麗絲夢遊仙境》在整個童話發展史上是一本相當重要的書，《大英百科全書》對它的解說是：「這本書並不企圖改造什麼，它所有的只是歡樂。」

　　這本書，是想像力的一大解放，實在是值得好好地欣賞欣賞。

《西遊記》　　　吳承恩

　　《西遊記》被譽爲中國第一部長篇童話，這部作品出現在十六世紀，距今已經四百多年，但仍歷久不衰，主要就是因爲其中的幻想實在是太精彩了。

　　《西遊記》的作者吳承恩（約1504-1582）是明朝人，他根據唐朝名僧玄奘去天竺（就是今天的印度）取經的眞實歷史事件，以及許多有關玄奘的民間傳說、話本、雜劇等等做爲基礎，再賦予自己新的想像和創意，完成了這部千古奇書。

　　玄奘出生於西元600年，當時是隋朝末年。對於吳承恩來說，玄奘已經是數百年前的古人了。玄奘從小就對佛學具有濃厚的興趣，十二歲就出家了，他的家鄉在今天的河南偃師縣東南，唐朝統一以後，爲了鑽研佛學，他千里迢迢來到長安（今天的陝西西安），後來，因爲有感於漢文的佛學典籍實在太少，即使

是在當時的文化中心長安，也不能滿足他旺盛的求知慾，於是就在唐太宗貞觀三年（629年）的春天，二十九歲的玄奘毅然展開前往天竺取經的壯舉。他從長安沿著絲綢之路前往天竺，行程長達萬里，十幾年以後，用二十匹馬一共駝回六百五十七部佛學典籍！

綜觀玄奘傳奇的一生，實在是太特別了，他不僅是一個偉大的冒險家，也是一個偉大的佛學家和翻譯家（他精通漢語和梵語，所帶回來的佛學典籍的翻譯工作全是在他主導之下所完成的），因此不僅歷史上（譬如《舊唐書》）早就為玄奘重重地記上了一筆，而在唐朝以後，玄奘的故事更是很快進入了「民間傳說」，開始廣泛地在民間傳播。接下來，各式各樣的藝術創作譬如晚唐五代的壁畫，宋、金、元的戲文和雜劇等等也開始紛紛以玄奘的故事做為發揮，漸漸地，玄奘的故事就出現了更戲劇化、更神話的色彩。

「孫悟空」這個角色並不是吳承恩的發明，在說話藝術中的《大唐三藏取經詩話》、《西遊記平話》就已出現過類似的情

節，應該說吳承恩的《西遊記》是綜合了過去幾百年間所有有關玄奘的民間傳說，然後又發揮了自己的創造天賦，不僅做一個非常成熟的集大成的工作，也更好地突出了幾個虛構出來的角色，特別是「孫悟空」的形象。

吳承恩的《西遊記》，全書分為三個部分，那就是孫悟空出世的故事、唐僧出世的故事以及取經的故事；前兩個部分都是為了第三個取經的部分在做準備。在這三個部分中，第一個有關孫悟空出世的故事一共有七回，從孫悟空在花果山出世寫到孫悟空被如來壓在五行山下等待取經人，十分精彩，不僅想像力極為豐富，感情也非常飽滿，值得一讀再讀。

元素2　誇張

延續前面所說的「童話作品需要非常飽滿的想像力」，那麼，一篇（或是一本）童話作品怎麼樣才能表現出飽滿的想像

力？那往往就是「誇張」了。

　　從神話、民間傳說開始（在《想像，是童話的翅膀》初階中，我們曾經說過這些都是「廣義的童話」），「誇張」這個元素眞的可以說是比比皆是；你說難道凡人吃了仙藥飛到月亮上這種想像不誇張嗎？（〈嫦娥奔月〉）一個女人爲了等待丈夫歸來每天都站在那裡翹首以望最後竟然化爲一尊石像不誇張嗎？（〈望夫石〉）或是一座大山竟然會飛不誇張嗎？（〈飛來峰〉）當然都是很誇張的。

　　想要寫童話，首先一定要「敢想」，而且還是要盡可能跳脫現實地想。如果你有了一個點子，不妨先問問自己，這個點子是在我們日常生活中有可能發生的嗎？哪怕是只有一滴滴、一絲絲的可能，都不妨試試看能不能更誇張一點；寫童話，在構思的時候絕對要不怕誇張，甚至應該是愈誇張愈好，只要你接下來自己懂得該怎麼樣的來處理這個誇張就好了（關於這一點，我們會在本書第二章〈童話的邏輯性〉中再做進一步的說明）。

　　如果能抓到一個誇張的點子，往往就是童話寫作一個很好的

開始。

《吹牛男爵歷險記》之獵鴨篇

畢格爾等／原著　管家琪／改寫

敏豪森男爵臥室的窗口面對著一個大池塘。有一天早晨，男爵從窗口看見從遠處飛來了一群野鴨，正聚在池塘裡覓食，男爵心中大喜，馬上抓起獵槍就往外衝。

他打算一定要好好地痛宰幾隻野鴨。

他衝得太猛，在下樓的時候一不小心撞上了門柱，手中的獵槍也重重地碰上了欄杆。

「哎呀！」男爵大叫一聲，覺得痛死了，痛得眼冒金星！

他不得不停下來揉揉額頭，然後趕緊繼續往外跑。如果動作不夠快，他擔心野鴨待會兒就要飛了。

來到室外，男爵小心翼翼地盡可能無聲無息地接近池塘。

幸好，那群野鴨正在專心地吃東西，一點也沒有察覺有危險正在朝牠們接近。

男爵屏住呼吸，輕輕地舉起獵槍，然後，瞇起一隻眼睛，瞄準了野鴨……

就在男爵已經準備要開槍的時候，才赫然發現──咦？獵槍裡的打火石怎麼不見了？──喔，他想起來了，打火石一定是剛才在家裡不小心撞上門柱的時候從獵槍裡掉出來了！

怎麼辦呢？沒有打火石，獵槍就成了廢物，根本沒有辦法發射，那眼前這些肥嘟嘟的野鴨不是很快就要飛了？這多可惜啊！

「不行，我今天絕不空手回去！我一定要想一個補救的辦法……」男爵自言自語。

他想呀想呀，終於想到了一個絕妙的好辦法！

什麼樣的好辦法呢？

只見男爵再度舉起獵槍，並且再度把獵槍對準了一隻肥得要命的野鴨，然後，他小心先用左手穩住獵槍，再騰出右手，迅速朝自己的右眼狠狠地揍了一拳！

這一拳真的揍得夠狠夠重的了；有多重呢？——右眼挨揍之後，竟然立刻飛出了許多的火星！

「滋！」的一聲，獵槍在一眨眼極其短暫的工夫中，就被男爵「製造」出來的火藥給點著了，於是，子彈立刻飛了出去——可憐的五對野鴨、四隻紅脖鳥和一對水鴨，就這麼完蛋了！

這還不是敏豪森男爵最「離奇」的獵鴨經驗。

還有一次，男爵打獵回來，經過一個小湖，看到一群野鴨正在湖裡悠哉悠哉地游來游去。男爵數了一數，有十幾隻之多。

男爵很高興，心想，哇，太好了，這麼多又都這麼肥，我想把牠們通通都帶回去！

可是，他一摸彈匣，這才發現子彈都用光了，再檢查一下獵槍，槍膛裡只剩下一顆子彈。

雖然，按男爵精湛的槍法，這一顆子彈打一隻野鴨是沒有問題的，他可以挑最肥的那一隻——可是，因為男爵方才已經打定主意要把湖裡的十幾隻野鴨通通都帶回家，而男爵又不是一個輕易就肯放棄的人，所以現在他就很傷腦筋，該怎麼樣才能用一顆

子彈打十幾隻野鴨呢？

男爵的腦筋動得很快，馬上就想到一條只有他才想得出來的妙計。

他決定放棄那顆子彈，而改用別的東西來對付這群野鴨。

什麼東西呢？——是一塊又香又軟又滑的豬油！這是他從自己的背包裡找到的。

男爵用很快的速度把那條長長的牽狗繩拆開成好幾股，再一股一股地接起來，變成一條很長的繩子，然後他把那塊豬油牢牢地繫在繩子的一端，拋到小湖裡，自己再緊緊抓著繩子的另一端躲在茂密的蘆葦叢裡。

不一會兒，一隻野鴨發現了豬油，很高興地游過來，並且一口就把豬油給吞了下去，但是，那塊豬油實在是太滑啦，竟然一轉眼就通過了鴨腸子，並且還迅速滑出了鴨屁股！

你覺得不可思議嗎？更不可思議的還在後頭呢，這時，第二隻野鴨也看到了豬油，並且牠絲毫沒有留意到這塊豬油是從哪裡冒出來的，只覺得它看起來很可口，於是馬上又急急忙忙地把它

一口就給吞了……接下來，是第三隻野鴨、第四隻野鴨……

　　在短短十幾分鐘之內，十幾隻野鴨正如同敏豪森男爵預料的那樣，通通都吞過豬油，但是無論哪一隻的肚子都沒有辦法真正地留住它。到頭來，這十幾隻野鴨全都嚇昏了過去，也全部都被串在那根很長的牽狗繩上。

　　男爵把這串野鴨用力拖上岸，再把剩餘的一段繩子纏在自己的身上，然後就吹著口哨回家了。

　　由於鴨子確實太多，男爵走了一段路就不得不停下來休息。就在這時，最奇妙的事發生了！──那群野鴨突然通通都醒了過來，並且出於本能都拚命搧動翅膀，想要掙扎逃命！

　　可是，十幾隻被串在一起的野鴨同時奮力撲翅的結果，竟然一起飛了起來，而且還連帶地把緊緊握住繩子的男爵也帶到了空中！

　　不過，男爵非常鎮定，毫不驚慌，馬上利用自己的外套當作「舵」來控制方向，巧妙地使這串野鴨往自己家的方向飛去。

　　最後，敏豪森男爵和那串野鴨一起掉進了男爵家廚房的煙

囡。

幸好當時還不到準備晚餐的時間，爐子裡還沒有生火。

當廚師們看見男爵拖著一串野鴨從爐門裡走出來的時候，一個個都驚訝得說不出話來。

元素3　幽默

如果問問孩子：「你們喜歡看怎樣的故事？」

恐怕很多孩子都會說：「我喜歡看好笑的故事！」

兒童文學與成人文學由於主要訴求的讀者對象不同，前者主要是以兒童為對象（當然也包含那些還頗有赤子之心、所謂「童心未泯」的大人），後者則是以一般成人為對象，因此在兒童文學中有一個很重要的特質就是「童趣」，有了這個特質，兒童文學與成人文學才會有本質上的區別。

其實，缺乏「童趣」（或者說「童心」）的成人，是很難欣

賞兒童文學的，因為所謂「童趣」往往只發生在兒童時期，很多人在長大以後往往就淡忘了。所以才會有那麼多的大人總是拿大人的標準來看待和要求一個孩子啊，如果這些大人能夠坐時光機回去看看童年時候的自己，恐怕會很驚訝地發現原來自己在小的時候實在也不怎麼樣。

那麼，要如何檢驗「童趣」？簡單來說，就是「幽默」，也就是孩子們所說的「好玩」、「有趣」或是「好笑」的故事。

| 故 事 欣 賞 |

鏡子（台灣民間故事）　　　　管家琪／改寫

在很久很久以前，在鏡子還沒那麼普及的時候，有一個農人，因為農事太忙，覺得忙不過來，就跟妻子說：「我想出去找一個好幫手回來。」

妻子說：「可以呀，不過，如果你看到什麼新奇有趣的東西

也要幫我順便買回來喔。」

「沒問題。」說著，農人就出發了。

還沒走到鎮上，半途他遇到一個賣雜貨的小販，小販吆喝道：「來看看吧，我這裡有很多很棒的東西，都是剛剛才到貨的。」

農人雖然記得要幫老婆找一找新鮮的東西，但是他覺得應該先把正事辦好，於是就對小販說：「待會兒等我有空的時候再來看吧，我現在得先去找一個好幫手。」

不料，小販一聽馬上說：「好幫手？哈哈，算你運氣好，我這裡就有！」

「真的？」農人有些半信半疑。

「當然是真的，你看——」

小販拿出一個圓圓的東西，遞給農人，「來，你看，你的好幫手就在裡面。」

農人湊近一看，果然看到一個彪形壯漢。

「嘿，這太神奇了！」農人很高興，馬上用很高的代價把好

幫手買下來，然後就匆匆忙忙地跑回家。

「老婆，快來看！」農人一進家門就高聲叫道：「我買了一個好幫手回來了！」

農人的妻子趕過來一看，只看到丈夫，感到非常茫然，「在哪裡啊？」

「哪，就在這裡啊！」農人把「好幫手」遞到妻子的面前，妻子疑惑地接過來一看，大吃一驚，馬上生氣地大叫大嚷起來：「啊！你這個沒良心的！騙我說要去找一個好幫手，結果卻居然買了一個女人回來！」

「什麼？」農人搶過來，看了一看，又委屈又不滿地說：「妳在胡說什麼啊，這明明是一個好幫手啊！」

「是嗎？」妻子狐疑地接過去，這一看，她更氣了，「還要騙我！這明明就是一個女人！你當我是傻子啊！」

「明明是一個好幫手！」

「明明是一個女人！」

就在夫妻倆吵得不可開交的時候，農人的丈母娘來了，兩人

就吵著要老太太評理，要老太太看一看農人帶回來的到底是「好幫手」還是女人。

　　結果，老太太一看，差一點沒昏倒，立刻大罵女婿道：「天啊，你不但帶了一個女人回來，而且居然還是帶這麼老的！」

　　無獨有偶，諾貝爾文學獎得主以撒・辛格曾經寫過一篇兒童故事，題目很長，叫做〈一隻自以為是狗的貓和一隻自以為是貓的狗〉，和上面這個〈鏡子〉的故事有一點異曲同工之妙。

　　這個故事大概是說，有一戶人家，一家五口，夫妻兩人再加上三個女兒，此外，家裡還養了一隻狗和一隻貓。這戶人家一直過著平靜祥和的生活，就連那隻狗和那隻貓也一向都相處得很和諧，從來不會打架。直到有一天，男主人買了一個鏡子回來以後，一切就都改變了。過去大家都沒見過鏡子，男主人特地買回家，本來是想讓大家高興的，沒想到老婆和三個女兒都很不高興，甚至都因此變得很沮喪，原來，她們在照了鏡子之後都紛紛發現了自己的很多缺點，有的發現原來自己的臉上有斑、有

痘痘，有的發現自己的鼻子不夠挺，有的發現自己的牙齒不夠整齊，或是皮膚不夠白皙，總之，每個人都赫然發現原來自己長得是這麼的普通，一點也不好看。大受打擊之餘，每個人都沒有心情來做家事了。

　　家裡的那隻狗和那隻貓也快瘋了。過去，他們的眼裡只看到對方，就一直以為自己是長得像對方那個樣子，可是等他們照了鏡子之後都非常驚訝，因為他們從來沒見過那麼奇怪的動物！這到底是什麼動物啊？狗狗和貓咪頓時都變得非常的狂躁不安，甚至開始又咬又打起來。就在天下大亂的時候，男主人終於做出了一個決定，趕快把那個只會帶來煩惱的鏡子丟掉！男主人還說，當我們能夠欣賞日月星辰、能夠欣賞美麗的大自然的時候，為什麼要一直盯著自己臉上的斑斑點點呢？

　　當男主人把鏡子丟掉之後，這家人家包括他們的狗和貓，才總算逐漸又恢復了平靜。

滑稽

如果說「幽默」的故事就是好玩好笑的故事，「滑稽」的故事當然也是好玩好笑的；「幽默」和「滑稽」兩者其實只是程度上的不同。

「幽默」不見得能使人大笑，有時候只是令人發出會心的一笑而已，但是至少會讓人覺得有趣，也會讓人很自然地就會饒有興味地想要看下去。「幽默」有的時候也可能是一種「冷面笑匠」式的感覺，好像作者並沒有存心要把你逗樂、逗笑，可是你就是笑了。

把「幽默」加以誇張，這就是「滑稽」了。「幽默」的趣味往往比較含蓄，有時甚至要多想一下才能意會出其妙趣所在，而「滑稽」往往就比較直接，有點像是突然往一個人的臉上砸一個奶油蛋糕，刺激觀眾讓觀眾一看就會笑，有時還會捧腹大笑，儘

管稍過幾秒以後也許觀眾就會覺得「好像也沒什麼好笑」，但是在受到「刺激」的那一刻，只要這個「刺激」不是那種老掉牙的招數，觀眾往往還是會笑的。

我個人是覺得，想要刻意表現「幽默」很難，一不小心就會變成「好冷的笑話」；想要刻意表現「滑稽」也很難，一不小心就會變成「無聊」了。

| 故 事 欣 賞 |

金鵝（格林童話）　　　管家琪／改寫

從前，有一對夫妻，他們有三個兒子，最小的那個因為從小腦袋有一點問題，媽媽比較不喜歡他，兩個哥哥也經常欺負他，還叫他「小傻瓜」。

有一天，大兒子要去森林裡砍柴，媽媽為他準備了一塊美味的大蛋糕和一瓶葡萄酒。來到森林之後不久，他遇到一個有著一

把白鬍子的小老頭。小老頭對他說：「把你袋子裡的食物分我一點吧，我又餓又渴，就快受不了啦。」

大兒子冷冷地說：「哼，這關我什麼事啊！憑什麼要我把食物分給你啊，分給你那麼多那我吃什麼？快滾吧！」

小老頭兒失望地走了。大兒子隨後就開始砍樹，可是，才剛開始砍了沒一會兒，他居然就砍傷了自己的胳膊，痛得慘叫不已。

幾天以後，輪到二兒子要去森林砍樹，媽媽照樣為他準備了一塊大蛋糕和一瓶葡萄酒。二兒子到了森林以後，也遇到了小老頭，而且當小老頭跟他要食物的時候，同樣也遭到他的怒罵。

「哼，想得美喔！我給你了我自己就吃不飽了，這是不可能的！」

就算小老頭可憐巴巴地看著他，他也不為所動。小老頭只好再一次失望地離去。二兒子隨後開始砍柴，然而，才剛開始砍沒多久，他竟然砍傷了自己的腿，痛得不得了。

又過了幾天，小傻瓜對爸爸說：「讓我去砍柴吧！」

做父親的很煩惱，「你？你怎麼行呢？你看，你的兩個哥哥去砍柴，結果都受了傷，我看你還是別去了吧。」

可是，小傻瓜還是一個勁兒地懇求，纏得爸爸沒辦法，只得同意讓他去了。

但是，偏心的媽媽卻只給他一塊在炭灰裡烤的麵餅，還有一瓶酸啤酒。

和兩個哥哥一樣，小傻瓜一到森林沒多久，就遇到那個小老頭，並且同樣跟他討食物。但是，小傻瓜的反應跟兩個哥哥不同。

小傻瓜說：「我只有一塊在炭灰裡烤的麵餅和一瓶酸啤酒，如果你不嫌棄的話，我們就一起吃吧。」

於是，他們倆就坐下來。可是，說也奇怪，當小傻瓜準備把那塊麵餅和那瓶酸啤酒拿出來的時候，麵餅卻變成了一塊又香又大的蛋糕，酸啤酒也變成了上好的葡萄酒。

當他們倆吃飽喝足以後，小老頭對小傻瓜說：「你是一個好心腸的人，你將得到好報。哪，看到那邊那棵老樹沒有？你去把

它砍倒，你就會在樹幹裡發現寶物。」

小傻瓜照著小老頭的話去做，就在那棵老樹倒下的那一剎那，一隻金光閃閃的大鵝從樹幹裡飛了出來！這隻大鵝之所以會這麼金光閃閃，完全是因為牠渾身上下的羽毛都是純金的。

「這可真稀奇。」小傻瓜抱起金鵝，就往森林外頭走。

走著走著，天色晚了，小傻瓜看到一家小旅店，就去投宿。旅店店主的大女兒看到小傻瓜抱著這麼一個寶貝，看得眼睛都發直了。

當天晚上，趁小傻瓜熟睡的時候，這個對金鵝念念不忘的女孩就潛進小傻瓜的房裡，想要拔一根金鵝的羽毛。

萬萬沒有想到，當她的手一碰到金鵝的時候，居然就被黏住了！

「哎呀，怎麼會這樣！」女孩叫苦不迭。

過了一會兒，女孩的大妹也悄悄進來了。

「咦，姊姊，妳也在這裡──」她的話還沒說完，由於手碰到了姊姊，竟然也被牢牢地黏住。

緊接著，她們的小妹也進來了。

「嘿，大姊二姊，原來妳們都在呀！」

兩個姊姊急得趕快警告道：「看在老天爺的份上，別再過來了！」

「為什麼不准我過來？」小妹不服氣，「我也想要一根羽毛呀──」

小妹的話還沒說完，也被黏住了。

三個女孩又氣又惱，但又無可奈何，只得就這麼陪在金鵝的旁邊過了一夜。

第二天一早，小傻瓜也不管那三個女孩，抱起金鵝就上路，三個女孩只好一個接一個跟跟蹌蹌地跟在後面，一會兒往右，一會兒往左，一會兒慢慢走，一會兒又忽然毫無預警地小跑起來。

這樣走了一段路，他們遇到一個牧師。牧師一看到這支隊伍，馬上就皺著眉頭批評道：「真是不害臊，三個姑娘跟著一個小伙子到處跑，像什麼話！還不趕快停下來！」

說著，牧師就伸手去拉最後面的那個姑娘，結果──他也被

黏住了!

不久,他們碰到教堂執事,教堂執事驚奇地叫著:「牧師先生,你要去哪裡?你忘了今天是做洗禮的日子嗎?」

說罷,他追上去想要拉住牧師,可是——當然,他馬上就成了這支隊伍最後面的一個人!

現在,已經有五個人緊緊被黏在小傻瓜的後面,可是小傻瓜不管,照樣大搖大擺地往前走。

又過了一會兒,迎面來了兩個扛著農具的農民,牧師和教堂執事就像看到了救星似的,趕快大聲嚷道:「兩位先生!拜託!行行好!拜託幫我們扯開這可笑的隊伍吧!」

兩個農民很熱心,馬上放下農具就跑過來幫忙,可是——他們馬上就發現,他們自己也脫不了身了!

連小傻瓜在內,一行八個人,浩浩蕩蕩地來到一個城市,並且來到王宮前面的廣場。這個時候,發生了意想不到的事。

原來,這個王國的公主不知道為什麼總是整天板著臉,從來沒人見她笑過,因此國王早就公開宣布,誰能把公主逗笑,誰就

可以娶公主為妻。

這天，公主看到有七個人一個挨一個地黏成一串，最前面的那個女孩又是被黏在金鵝身上，而抱著金鵝的那個傻呼呼的傢伙還一副神奇活現的模樣，公主覺得這奇特的一幕實在是太好笑了，於是就破天荒地哈哈大笑起來！

可是，稍後當小傻瓜要求娶公主為妻的時候，國王卻賴皮了。（這些國王怎麼都這樣啊！）

國王想盡辦法要拒絕小傻瓜，而國王陸續三次提出的條件都很奇怪，第一次，他說除非小傻瓜能找到一個能夠一口氣喝光一窖葡萄酒的人，他才答應讓小傻瓜迎娶公主，第二次說除非小傻瓜能帶來一個一口氣能吃完像一座小山那麼多麵包的人，第三次則是說除非小傻瓜能造出一艘在陸地或海上都能行駛的船；面對這些離奇的要求，你或許猜到小傻瓜都是跑去向誰求救？──沒錯，就是那個指點他找到金鵝的小老頭。

小老頭幫他完成了三樣一般人絕對難以完成的任務，並且告訴他：「我之所以心甘情願地為你做這些，是為了報答你曾經對

我的友善。」

最後，國王實在沒有辦法再賴皮了。於是，小傻瓜終於如願以償地娶了公主。多年以後當國王去世以後，小傻瓜還繼承了王位，當上了國王。

元素5　陰錯陽差

讀者在閱讀的時候，經常就像觀眾在看電影的時候一樣，都是在「看戲」。所謂「造化弄人」，很多時候，如果讓讀者像一個全知全能的上帝，非常清楚故事中每一個角色的遭遇，但是這些角色卻只知道發生在自己身上的事，只清楚自己的這個部分，對於其他角色的遭遇和想法則所知有限，這麼一來，往往就能營造出一種特別過癮的閱讀感受（尤其是當這種陰錯陽差被表現在趣味上的時候），有的時候也會讓讀者著急，巴不得能告訴其中某一個角色一些他所不知道的事情。

想要製造出陰錯陽差的效果，必須要有非常周密的構思。因為既然是陰錯陽差，就經常會有「誤會」。如果是一篇趣味橫生的童話作品，這些「誤會」往往就是一個很重要的趣味點。

　　要如何製造誤會呢？有一個很普遍的技巧，就是「雞同鴨講」，讓幾個角色各說各話，讓他們彼此之間都誤會了對方的意思，可是他們都不知道，不過，類似「上帝」角色的讀者是什麼都知道的，這麼一來，趣味也就會自然而然地產生了。

|故 事 欣 賞|

萬事通大夫 (德國民間故事)　　　　管家琪／改寫

　　從前，有一個農夫，他的名字叫做龐謝。

　　有一次。他替一個大夫送貨，看到大夫家裡非常豪華，心裡非常羨慕，就請教大夫，要怎麼樣才能成為一個大夫？

　　這個大夫存心作弄他，就告訴他：「這個簡單，只要你在家

門口掛一個招牌，上面寫著『萬事通大夫』就行了。」

農夫聽了很高興，回到家以後馬上照辦。

過了沒多久，附近有一個大財主，家裡遭竊，聽說有一個「萬事通大夫」，心想這個大夫肯定可以幫忙自己把失去的鉅款找回來，於是馬上派人來把「萬事通大夫」請去。龐謝不止欣然赴約，還把老婆葛麗特也一起帶去，想讓老婆也開開眼界。

一到大財主的家，大財主已經設宴準備要好好款待萬事通大夫。龐謝夫婦從來沒見過這種排場，都感到很興奮，並且還有點兒迫不及待。

當一個僕人端了一盤精緻的菜餚進來的時候，龐謝用胳膊推了老婆一下，說：「葛麗特，快看，這是第一個。」

其實，龐謝的意思是「這是第一道菜」，然而，他萬萬沒有想到，原來這個僕人竟然就是賊，所以一聽到「萬事通大夫」說「這是第一個」，立刻嚇得面色如土，稍後回到廚房以後就跟他的同夥說：「完了！我們完了！那個萬事通大夫都知道了！」

「真的嗎？怎麼可能？」他的同夥半信半疑，硬著頭皮上

第二道菜。結果，龐謝又跟老婆說：「葛麗特，妳看，這是第二個。」

　　等到第三個僕人暗暗發著抖上第三道菜的時候，因為菜盤子被一個大大的蓋子蓋住，看不到究竟是什麼菜，大財主一時興起，要求萬事通大夫猜猜看這道菜是什麼？

　　龐謝瞪著那盤看不見內容的菜，看了半天也不知道裡頭究竟是什麼，於是就自言自語：「龐謝啊龐謝，你完了！」

　　沒想到，大財主竟然驚叫道：「哎呀，厲害，真厲害！你是怎麼猜到的，真的就是螃蟹啊！」

　　大財主旋即把蓋子掀開，當龐謝看到這道菜居然是螃蟹的時候，簡直不敢相信自己怎麼會有這麼好的運氣。財主也很高興，連連說：「太好了！果然不愧是『萬事通大夫』，那你一定知道我的錢是被誰偷去的了！」

　　「呃——我還得再想想——」

　　「沒關係，你待會兒慢慢想，現在先吃飯吧！」

　　飯後，三個僕人趕緊偷偷找到龐謝，表示他們願意歸還主人

的鉅款，只求龐謝不要告發他們。他們並且再三解釋，其實他們並不是壞人，純粹是一時糊塗，現在他們也很後悔。

龐謝答應了他們的請求，於是裝模作樣地推理了半天，然後告訴大財主，說其實他的錢並沒有掉，只不過是他自己忘了放在哪裡而已。說著，龐謝就清清楚楚地告訴財主，他放置那筆鉅款的具體位置，財主一去找，鉅款果然都在，一點也不少，當下就對龐謝表示非常地佩服，頻頻讚美道：「真是太神奇了！真不愧是『萬事通大夫』啊！」

而龐謝呢，在飽餐一頓之後，就帶著老婆高高興興地回家了。

| 故 事 欣 賞 |

一下打死七個（格林童話）　　　管家琪／改寫

有一個傻里傻氣的小裁縫，坐在工作台邊認真地縫衣服。

因為他忙著工作，桌上的點心都沒顧得上吃，這時，點心的香味引來了一大批的蒼蠅，並且很快就紛紛落到了點心上面。

　　小裁縫急了，一邊騰出一隻手揮舞著，一邊叫道：「走開走開！誰請你們來的！」

　　可是，蒼蠅一點也不買帳，也不怕他，反而來得更多了。

　　小裁縫氣壞啦，乾脆伸出兩隻手，用力一打──嘿，居然一巴掌就打死了七個蒼蠅！

　　「哇，我太厲害了！這件事應該讓大家都知道！」說罷，小裁縫放下還沒縫好的衣服，趕緊製作了一條彩帶，上面寫著「一下打死七個」，然後就披在身上。

　　他覺得，自己這麼地有本事，這個小裁縫店肯定是不能再待下去了，他應該去周遊世界。

　　他抓起一個背包，把一塊乳酪和一隻不久前在樹林裡抓到的鳥裝進背包，然後就精神飽滿地出發了。

　　小裁縫走呀走呀，順著大路一直走到一座山的前面，然後他又順著路爬上了山。到了山頂，看到一個巨人。巨人正坐在那兒

看風景，好像挺悠哉的樣子。

小裁縫過去熱情地打招呼：「嗨，朋友，你正在眺望那寬廣的世界嗎？我正要去那裡闖一闖，試試我的運氣，你要不要跟我一起走呀？」

巨人低頭看了一下這個小不點，根本就不把他放在眼裡，還很不高興小裁縫打擾了自己看風景的雅興。

「滾遠一點，你這個小笨蛋！」巨人說。

「什麼話？看看我是誰。」小裁縫指指身上斜披的彩帶。

「一下打死七個——」巨人念著，以為小裁縫是一下子打死了七個人，這才覺得好像應該對他稍微客氣一點。

不過，巨人當然還是認為小裁縫是不能跟自己比的。巨人抓起一塊石頭，握在手裡，用力一捏，石頭立刻粉碎。

「你能照我這樣做嗎？」巨人問。

小裁縫說：「我可以做得比你更好！」

說著，他把背包裡的那塊乳酪拿出來，握在手裡，用力一捏，捏得汁水一股腦兒地往外流。

巨人不認識乳酪，因此嚇了一跳。但是巨人還是不服氣，又抓起一塊大石頭往上一拋，那麼大的一塊石頭瞬間就被拋得幾乎不見蹤影，過了好一會兒才掉下來。

（好危險哪！）

「你能照我這樣做嗎？」巨人又問。

「這有什麼問題！」小裁縫還是說：「我可以做得比你更好！」

小裁縫把背包裡的鳥拿出來，往上一拋。

巨人抬頭看了半天，發現這個小不點竟然真的比自己拋得更好，瞧他把東西拋到空中以後，居然經過了這麼久都還沒落下來！

「嗯，你拋得是還不錯，那我們來看看你的力氣能不能派上點用處。」

巨人說著，就把小裁縫領到一棵倒在地上的大橡樹旁邊，對小裁縫說：「如果你真的有力氣，就幫我把這棵樹抬出森林去吧。」

「這有什麼問題！」小裁縫豪氣地說：「你來扛樹幹，我來扛樹枝，樹枝這麼多，一定比較重。」

巨人果真扛起樹幹開始往前走。小裁縫呢，只不過是坐在樹枝上而已，絲毫不費什麼力氣，可是因為巨人不方便回頭看，便一直沒發現原來根本是自己一個人在扛這棵大橡樹。等到巨人要把樹放下來的時候，小裁縫才趕快跳下來，用兩手抱著樹，假裝在抬，看到巨人在直喘氣，還取笑巨人道：「看看你，像你這麼一個大塊頭，抬這麼一棵小樹居然就累成這樣！」

巨人又向小裁縫發起新的挑戰：「如果你是一個勇敢的人，就跟我到山洞裡去過夜。」

「好啊，這有什麼問題！」

小裁縫跟著巨人回到山洞，看到有好幾個巨人正圍著火堆在吃烤羊。

小裁縫四處望望，心想，這裡真比我的裁縫店要大多了。

巨人指定了一張床給小裁縫睡，但是因為那張床對於小裁縫來說，實在是太大，於是他就縮在一個角落睡覺。

半夜，巨人以為小裁縫一定睡熟了，就悄悄爬起來，拿著一根大鐵棍，用力朝床的中央打下去，把床都打破了。

　　「這下好了，總算把那個煩人的小傢伙給解決了。」巨人很滿意。

　　第二天一早，幾個巨人都到森林裡去，他們都完全把小裁縫給忘了，沒想到等他們回到山洞以後，看到小裁縫居然還是好端端的，都很害怕小裁縫會報復，於是便都慌慌張張地逃走了。

　　小裁縫便繼續往前走。走呀走呀，來到一座王宮，別人看到他身上披著的「一下打死七個」的彩帶，都認為他是一個大勇士，便趕快跑去向國王報告。小裁縫就這樣成了國王的侍衛。

　　不久，由於其他的侍衛都畏懼小裁縫，也都嫉妒小裁縫，一致要求國王把小裁縫趕走，否則他們就要集體辭職。國王便想了一條計策，想讓小裁縫知難而退，自動消失。

　　國王把小裁縫找來，告訴他，在森林裡住著兩個巨人，專門為害百姓，如果小裁縫能夠除掉這兩個巨人，就把公主嫁給他，並且把半個王國做為陪嫁。

「沒問題，我這就去！」小裁縫認為這是一個大好的機會，因為，不是每天都有機會得到一個美麗的公主和半個王國。

國王本來還派了一百個武士去協助小裁縫，小裁縫卻表示不需要，一走出城裡，來到森林附近，他就跟那一百個武士說：「你們留在這裡，我自己進去找那兩個巨人。」

不久，他找到了。兩個巨人正一起靠在一棵大樹下睡大覺呢，他們的鼾聲把樹枝都震得上下彎曲。

小裁縫馬上裝了兩大袋石頭，然後輕手輕腳地爬到樹上躲起來。他剛好就隱藏在兩個巨人的中間。

接著，小裁縫開始朝著一個巨人的胸膛扔石頭。起初巨人並沒有感覺，扔了好幾塊以後，他終於感覺到痛，而且終於醒了，很不高興地推推身旁的同伴，質問道：「喂，你幹嘛要打我？」

第二個巨人睡眼惺忪地咕噥道：「我哪有打你？是你睡糊塗了吧！」

第一個巨人想想也是，就不再囉唆，轉過身去繼續睡。可是，他剛睡著，胸膛又是一陣好痛的感覺。

「喂！開玩笑也要有個限度！你幹嘛一直打我啊？」第一個巨人很生氣地說。

　　第二個巨人也很氣，「你這個傢伙是怎麼回事啊，三番兩次吵我睡覺，還要一直胡言亂語！」

　　他們就吵了起來，愈吵愈凶，到最後乾脆大打出手，互相拔起周圍的大樹當作武器，再用大樹朝對方身上猛敲。

　　巨人打架真不是普通的可怕。很快地就兩敗俱傷，連帶地還毀了一大片的森林。

　　小裁縫完成了任務，要求國王實踐諾言，可是國王存心耍賴，又要求小裁縫去除掉森林裡另外兩個也經常傷人的動物，一個是獨角獸，一個是野豬。

　　然而，這些同樣都難不倒小裁縫。最後，國王沒有辦法，只得為公主和小裁縫舉行了盛大的婚禮。小裁縫果真得到了半個王國。

機智

　　我們常常說「臨場應變能力」，這種能力考驗的就是一個人的機智。大多數的人，都會在碰到一件事特別是讓人在事後愈想愈火大的一件事以後，總是會不斷地反覆回想，忍不住一直懊惱「當時我真該那麼做」，或是「要是當時我是怎麼說並且怎麼做就好了」，然而，在事情發生的那一刻，能夠表現得非常好的人總是少數。

　　可以這麼說，「機智」是每一個人都希望自己能夠擁有的特質，可實際上真正擁有這種特質的人絕對是少數，正因為如此，能夠表現出機智的角色總是特別令人喜愛和激賞。尤其是在現實生活中，孩子們都是「弱小動物」，在很多方面都受制於客觀的環境，所以，怎麼樣來運用機智、發揮機智，進而「以小搏大」，這樣的故事就總是很受到孩子們的歡迎。

該如何表現出角色的機智？這無疑也是要靠縝密的構思。「構思」這件事是不必要求臨場反應的，你可以針對一個情境一想再想，反覆琢磨，為角色想出最棒的回應。任何一個故事中所有機智的角色，所說的每一句機智的話，所做出的每一個機智的反應，很可能都是作者想了又想、只差沒想破腦袋，好不容易才得到的結果。

|故事欣賞|

阿里巴巴與四十大盜（天方夜譚）

管家琪／改寫

在古代的波斯國，有一座城市，裡頭有一對兄弟，兄弟倆過著完全不同的生活。哥哥名叫高希穆，家境富裕，弟弟名叫阿里巴巴，卻相當窮困。

阿里巴巴以砍柴為生。有一天，阿里巴巴在山上砍柴的時候，無意中碰到一夥剛剛打劫回來的強盜。阿里巴巴很機靈，動

作很快，馬上躲了起來，沒讓強盜發現自己，他則在暗中觀察強盜的動靜，沒想到被他看到了一件不可思議的事──阿里巴巴看到那個強盜頭子對著一面山壁大喊：「芝麻開門！芝麻開門！」結果，話音剛落，原本毫不起眼的山壁竟然就像一面大門一樣的打開了！並且裡頭立刻射出耀眼的光芒。阿里巴巴明白了，原來這裡是強盜祕密藏寶的地方！

　　稍後，當強盜把劫來的金銀珠寶放好離去之後，阿里巴巴也站在石壁面前，模仿剛才強盜頭子的做法，也對著石壁大喊：「芝麻開門！芝麻開門！」──嘿，石壁顯然是只認咒語而分不出聲音有什麼不同，果真就這樣打開了，阿里巴巴大著膽子走進去一看，發現裡頭存放的財寶比他想像的還要多！於是就很高興地搬了好幾袋的金幣回家。

　　阿里巴巴的妻子從來不曾看過這麼多的金幣，看得人都傻掉了，過了半晌，她很想弄清楚這些金幣到底有多少，可是他們家窮到根本就沒有計量工具，於是她就跑去向嫂嫂借一個量器。嫂嫂生性多疑，就在量器的底部塗上蜜蠟，想知道弟妹到底是想量

什麼。不久，當她看到量器底部所黏住的金幣，赫然發現原來弟妹家的金幣竟多到必須用量器來量的地步，真是大吃一驚，趕快去告訴丈夫。

緊接著，高希穆就衝去找弟弟，質問弟弟怎麼會有這麼多的金幣。阿里巴巴一五一十通通都告訴了哥哥。

高希穆大喜過望，第二天馬上就牽了十匹騾子來到那面石壁，用咒語打開大門，然後進入山洞大肆搜刮，一切都跟阿里巴巴所描述的一模一樣。

然而，或許是他把全部的心思都放在挑選和裝載這些財寶上，以至於把一件非常重要的事給忘了──當他準備要離開山洞的時候，他居然怎麼也想不起咒語了！

「糟糕！是『黃豆開門』嗎？還是『玉米開門』？『小麥開門』？……」高希穆幾乎把所有想得起來的穀物和食物都試了一遍，但是石壁仍然是閉得緊緊的。

當強盜們回來，發現高希穆，不用說，當然是立刻就把他給殺了。

而阿里巴巴眼看哥哥直到天黑都還沒有回來，非常著急，趕緊跑到山洞裡去察看，不料卻發現哥哥的屍體。阿里巴巴很難過，但是人死不能復生，事到如今他所能做的也只是把哥哥的屍體運下山，打算悄悄埋葬。

　　不久，強盜們又回來了，發現侵入者的屍體居然不見了，都嚇了一跳。強盜頭子生氣地說：「一定還有別人知道這裡，我們一定要把他找出來，再把他殺掉！」

　　強盜頭子立刻派一個手下去城裡調查。過了一段時間，強盜終於查到阿里巴巴的頭上，也弄清楚阿里巴巴的住處，便打算先火速返回山上，召集所有的強盜一起下山展開攻擊。可是由於這一帶的房子看起來都很像，這個強盜擔心待會兒再來的時候會找不到，便在阿里巴巴家的大門上畫了一個記號。

　　緊要關頭，幸好阿里巴巴的家裡有一個聰明機智的女僕，名叫麥爾佳娜，她及時發現了強盜的陰謀，趕緊把城裡家家戶戶的大門上都畫上相同的記號。這一招果然很管用。稍後當強盜們來到城裡，發現每一家的大門上都有同樣的記號，都愣住了，強盜

頭子大怒，當場就把那個負責打聽情報的傢伙給宰了。

　　強盜頭子指派第二個部下去調查。當這個傢伙查到阿里巴巴的住處時，就在阿里巴巴家的大門上畫上一個與上次不同、看起來比較複雜的記號，可是又被麥爾佳娜及時化解，這個傢伙的腦袋也很快就搬了家。

　　強盜頭子簡直快氣死了，他覺得自己的部下都很沒用，決定親自出馬。這一次，當他查到阿里巴巴的住處時，他不在門上做什麼記號了，而是偽裝成路過的商人，帶了幾十個大大的瓦罐，然後客客氣氣地懇求將這些瓦罐寄放在阿里巴巴的院子裡；其實呢，每個瓦罐裡都藏著一個強盜。他們打算要等到夜裡再爬出來，殺了阿里巴巴。

　　幸好這個陰謀被麥爾佳娜察覺，她立刻燒了一大堆熱油，再把這些滾燙的熱油一一灌進瓦罐裡！就這樣，除了強盜頭子跑得快，其他三十七個強盜就這樣通通都被滾燙的熱油給活活燙死了。

　　「可惡的阿里巴巴！可恨的阿里巴巴！我一定要報仇！」強

盜頭子在狼狽地翻牆逃走時，還不忘咬牙切齒地發下重誓。

　　為了報仇，強盜頭子改行不做強盜了，而是真的做起生意來，並且藉機和阿里巴巴的姪子接近。有一天，強盜頭子應阿里巴巴的姪子之邀，來到阿里巴巴的家作客，想要趁機對阿里巴巴不利。不過，強盜頭子沒有想到自己竟會被麥爾佳娜給認了出來。於是，麥爾佳娜利用跳舞的機會接近強盜頭子，並且勇敢地殺了他。

　　在危機徹底解除以後，麥爾佳娜嫁給了阿里巴巴的姪子，成為阿里巴巴家族中備受敬愛的一份子。

　　《天方夜譚》這個書名其實是非常中國的，因為「天方」是過去中國對於阿拉伯的稱呼，而「夜譚」又是什麼意思呢？在阿拉伯語中，這是代表「沙漠居民到了夜晚就聚在一起聽故事的活動」。「天方夜譚」這個說法，在華人世界早就已經有了一種類似成語或俗語般的特定含意，經常被用來形容不可思議的事。

　　《天方夜譚》又名《一千零一夜》，是古代阿拉伯的民間

故事集，在西方還有另外一個書名，叫做《阿拉伯之夜》。這本書開創了一個奇妙的結構，就是用一個大故事包含著兩三百個小故事（就像「大餅包小餅」似的），而這篇〈阿里巴巴與四十大盜〉就是其中一個非常出名的小故事。儘管「阿里巴巴」在這個故事中似乎有一點「茶來伸手，飯來張口」，好像太舒服啦，真正與大盜鬥智的應該是那個聰明機智的女僕麥爾佳娜才是！

　　《天方夜譚》裡的很多很多故事，很早以前就在阿拉伯地區的民間流傳著，大約在西元八、九世紀之交，也就是距今一千多年以前，就已經出現了手抄本，到了十二世紀，開始出現了《一千零一夜》這個書名，是埃及人首先使用的，接著又經過三百多年的流傳，到了十五世紀末、十六世紀初，這部奇書才算定型，成為我們現在看到的樣子。

　　《天方夜譚》在十字軍東征時期傳到歐洲，對於整個世界文學都產生了深遠的影響，像〈阿里巴巴與四十大盜〉這樣充滿著機智光芒的故事俯拾皆是，值得好好地慢慢體會。

勇敢

　　所謂「大智大勇」，「機智」很難得，「勇敢」也很難得。在歷史長河之中，那些勇敢的歷史人物總是能引起一代又一代的讚佩，不過，並不是非要是英雄豪傑才可能勇敢，在每一次重大災難發生的時候，那些勇敢的小人物不是也一樣受到大家由衷的感佩嗎？

　　就像世間大概不會有人希望或是喜歡自己是愚笨的一樣，應該也不會有人喜歡做一個懦夫吧，如果可以選擇，大概大部分的人都還是會希望自己能夠是勇敢的，甚至應該有很多人都會希望自己是「智勇雙全」的吧。所以當我們看到或讀到一些勇敢的故事的時候，我們才會滋生那種「讚佩」和「感佩」的情緒；之所以會「讚佩」和「感佩」，其實就是因為我們自己很可能做不到啊。

想要讓故事中的角色表現得很勇敢，就好像想要表現出角色的善良、或是卑鄙一樣，光是靠一些詞彙的堆砌絕對不夠，一定要能設計出一件具體的事，讓這個角色去經歷，然後強化這個角色的反應，使他的反應讓讀者自然而然產生「他真勇敢！」的感受，如此才是成功。

| 故 事 欣 賞 |

《封神演義》

　　《封神演義》是明代長篇神魔小說，成書的年代大約在明朝隆慶、萬曆年間，也就是十六世紀末、十七世紀初，稍晚於《西遊記》，作者是誰不能確定，有「許仲琳」和「陸西星」兩種說法。全書是根據發生在西元前一千年左右的「武王伐紂」的真實歷史，博採相關的民間傳說，再加上作者自己的虛構所演義而成，就文學成就來說，雖然一般都認為不如《西遊記》，但是書

中仍有不少片段其實可讀性還是頗高的。特別是哪吒和雷震子這兩個勇敢的小英雄的故事（也就是俗稱的〈哪吒鬧海〉和〈雷震子長翅〉的故事），非常精彩，並且也都帶著濃厚的童話色彩，以至於當後人在談到中國童話的歷史時都不會忘了要提及《封神演義》。

元素8 能夠引起共鳴

童話，雖然表面上看起來都是生活中不可能發生的故事，但仍然跟所有的文藝創作一樣，最初的創作靈感還是來自於生活，因此，優秀的童話都還是很能夠引起讀者的共鳴，特別是孩子們的共鳴。

怎麼樣才能引起孩子們的共鳴呢？我認為最重要的有兩點：第一，要有同理心；第二，不要忙著一上來就想要教育小朋友。

能夠具備同理心，這本身其實就是一個美德，因為具備了同

理心才可能做到尊重別人，不會把自己的意志包括喜好、看法、習慣等等強加於別人的身上，而能夠對孩子具備同理心，首先自己可別忘了兒時的種種喜怒哀樂。

其次，雖然孩子們確實需要引導、需要教育，但兒童文學應該講究「寓教於樂」，不能那麼直接；想想看哪個孩子會喜歡一天到晚地挨訓呢？只要是能夠對孩子們抱持著同理心的人都會了解這一點。

說到這裡不免又會讓人再次感到，難怪小朋友所寫的童話故事往往很能夠引起同齡孩子們的共鳴，因為，對於大人來說，要能夠放低身子、懂得如何用孩子的視角來看世間萬物並不是很容易，可是對於孩子們來說，卻都是很自然的事啊。

| 故 事 欣 賞 |

《小飛俠——彼得・潘》　　詹姆斯・馬丘・巴里

……

　　一夥人在彼此介紹以後，照例總是要互問年齡，所以，做事從來正確無誤的溫迪，這時就問彼得，他多大年紀。這話問得可真不恰當，這就好像是，你希望人家問你英國的國王時，考試題上卻問起法語來。

　　「我不知道，」彼得不安地回答，「可是我還小著哪。」他真的不知道；他只是有一些猜想，於是他揣摩著說：「溫迪，我生下來的那一天就逃跑了。」

　　溫迪很驚訝，可是又挺感興趣。她用優美的待客禮貌碰了碰睡衣，表示他可以坐得離她近些。

　　「因為我聽見父親母親在談論，」彼得低聲解釋說，「我將來長大要做一個什麼樣的人。」說到這裡，他大大激動起來。「我永遠也不願長成大人，」他激憤地說，「我要老是做個小孩，老是玩。所以我就逃到了肯辛頓公園，和仙子們住在一起，很久很久了。」

　　──《小飛俠──彼得・潘》，第三章〈走啦，走啦！〉

《小飛俠——彼得·潘》是一本非常可愛的書，全書從第一章的第一句話開始（「所有的孩子都要長大的，只有一個例外。」）就深深吸引著讀者。雖然，由於時代的不同，也許有的讀者會說，哼，彼得·潘不知道，現在的小孩課業壓力那麼大，哪裡還能夠「老是玩」啊，做小孩真是苦死了，但是，彼得·潘之所以不想長大的理由（不想讓父母安排他要做一個什麼樣的人），以及「永無島」上的歡樂和冒險（「永無」或是「永不」，其實就是暗示著「永不長大」的意思），還有小仙子是怎麼來的（原來是每一個嬰兒第一次笑出聲來的時候，那一聲笑會裂成一千塊，還會到處蹦來蹦去，仙子們就是那麼來的）等等，很多很多地方都還是很能引起大小讀者的共鳴，說進讀者們的心坎裡去。

　　童話這個迷人的文類，表面上看好像一切都是虛構的，實際上這些虛構都還是以真實的生活、真實的感情做為基礎，就好像安徒生的很多童話也都是反應出他一貫的「人生在世應該力爭上

游」的價值觀一樣，所以，好的童話往往總還是很能夠打動人心的。

元素9 能給人溫暖或鼓勵

　　剛才說到「寓教於樂」，這應該是兒童文學的一個重要理想。但是，在開口說教之前，總要先設法醞釀一下氣氛吧，如果氣氛不好，就很難達到社教目的。就好像如果親子關係不好、或是師生關係不好，當我們在跟孩子說什麼道理的時候，怎麼可能讓孩子們心悅誠服呢？而如果孩子們不能心悅誠服，這樣的教育又會有多大的效果呢？

　　何況，有關人格品行上的教育應該是講究潛移默化的，說起來這也不難，我覺得最重要的一點就是只要我們能不吝於經常給予孩子一點溫暖和鼓勵，就能把孩子導引到正面的方向。事實上，每一個人都需要溫暖和鼓勵，對於孩子們來說，又尤其重

要。

　　試著回想一些記憶中美好的時刻，就會發現那應該多半都是能夠讓我們感受到溫暖的時刻吧！不妨仔細分析一下，當我們擁有這種溫暖的感受，或是受到了什麼鼓勵因而產生了向上力量的時候，當時我們是處於一種什麼樣的情境之下？正在經歷一件什麼樣的事？儘管童話作品表面上都是虛構的，但不要忘記所有童話作品的構思都是來自於生活，我們必須先從生活中去細細體會和分析一下諸如溫暖這樣抽象的感受，日後才有可能用故事把這些感受傳達出來。

| 故 事 欣 賞 |

豌豆莢裡的五粒豆兒

安徒生／原著　管家琪／改寫

　　有一個豌豆莢，裡面有五顆豌豆，這些豌豆都是綠色的，所以他們就以為整個世界都是綠色的。

過了幾個禮拜，他們覺得整個世界都在變黃啦；這是當然的，因為豌豆莢在生長，五顆豌豆也在生長。他們按照排行，規規矩矩地坐在那兒，愈長愈大。

　　接下來還會發生什麼事呢？——五顆豌豆都很好奇。

　　終於，有一天，他們覺得豆莢震動了一下。豌豆莢被摘下來了。

　　不一會兒，「啪！」的一聲，豆莢裂開來了，五顆豌豆全部都滾到了陽光裡，滾到了一個孩子的手中。

　　孩子的小手先緊緊捏著五顆豌豆，再小心攤開手掌，端詳了一下五顆豌豆，開心地說：「好棒的子彈！」

　　說著，就把一顆豌豆塞進他的玩具手槍裡。

　　這顆小豌豆剛剛叫了一聲「耶！我要飛到廣大的世界裡去了！」然後他就被射出去了。

　　第二顆小豌豆說：「我要飛得很遠很遠！我要飛到太陽裡去！」

　　說完，他也飛走了。

接下來，第三顆和第四顆小豌豆也都說：「我才會飛得最遠呢！」

只有最後一顆、也就是第五顆小豌豆沒有這麼說；他根本不介意自己會飛得多遠、又會飛到哪裡去。

「該怎麼辦就怎麼辦！」第五顆小豌豆想著。然後，他就飛出去了。

他先飛到半空中，再落到一棟屋子頂樓一扇窗子下面的一塊舊板子上，正好鑽進了一個長滿了青苔和黴菌的裂縫裡去。青苔很快地就把小豌豆溫柔地裹起來，小豌豆躺在那兒，轉眼就不見了。

可是，上帝並沒有忘記他。

在這個小小的頂樓裡，住著一對窮苦的母女，女孩還生了病，臥病在床已經整整一年了。

媽媽每天辛辛苦苦地到外面去擦爐子、鋸木材，和許多這一類的粗活，盡力養活著女兒和自己。因為太窮太苦，做媽媽的已經失去一個大女兒了，現在她對於能否留住小女兒也一點把握都

沒有。

然而，這個小女孩似乎非常頑強，她默默忍受著病魔的折磨，每天只是安靜地、耐心地在家裡躺著，好像始終不願「離開」。

當春天來臨的時候，有一天早上，當母親正要出去工作，陽光溫和地從窗外射進來，一直射到地上。病重的女孩躺在床上，望著最低的那塊窗玻璃。

「咦，媽媽，從窗玻璃旁邊探出頭來的那個綠綠的東西是什麼呢？妳看到了嗎？它正在動呢，好像是被風吹的！」

母親走到窗子那兒，把窗子打開一半──

「啊！我的天！」母親驚訝地說：「原來是一粒小豌豆！它居然還長出小葉子來了！奇怪，它是怎麼鑽進這個縫隙裡去的啊？」

「媽媽，幫我把我的床往那邊搬一搬，我想挨近一點那扇窗子，我想看看那粒小豌豆！」

「好呀。」母親愉快地把孩子的小床搬近一點窗子，好讓孩

子可以很清楚地看到這粒正在生長的豌豆。

安頓好孩子以後，母親就匆匆忙忙地出去工作了。這天晚上，當母親拖著疲憊的身子回到頂樓的時候，女孩似乎顯得格外地有精神，開開心心地對母親說：「媽媽，我覺得我真的好多了！今天一整天，太陽照在我身上讓我好溫暖。妳看，這粒豆子長得這麼好，我相信我也一定會慢慢好起來的！我一定會從床上爬起來，走到溫暖的陽光裡去。」

「但願上帝保佑！」母親說。然後用一根小棍子把小豌豆架起來，讓它不至於被風吹斷。

連這麼不起眼的地方，居然都有生命在滋長，現在，小豌豆不但鼓舞了女孩，也鼓舞了辛苦的母親，做母親的開始相信她的小女兒一定會好起來！

小豌豆繼續努力地成長。又過了幾天。這天，母親告訴小女兒，「妳瞧，它好像要開花了！」

「真的，要開花了！」女孩現在已經可以坐在床上，不再像從前那樣整天都只能躺著了；她的精神也很不錯，話也更多了。

又過了一個禮拜，女孩難得在病床上一坐就是一個鐘頭，她整個人都被籠罩在溫暖的陽光裡，快樂極了。媽媽為她打開了窗子，女孩的面前是一朵盛開的、粉紅色的豌豆花，有了這株豌豆花，原本不起眼的窗台也成了一座可愛的小花園。小女孩低下頭來，在豌豆花柔嫩的葉片上輕輕地吻了一下。

這一天，對女孩來說，簡直就像是一個節日。

「孩子，一定是上帝親自種下這顆豌豆，而且還讓它長得這麼好，叫它成為妳我的希望和快樂！」母親高興地說。

母女倆都充滿幸福地望著可愛的豌豆花微笑，彷彿它真的是上帝送下來的一位善良的安琪兒。

 元素10 能使人深受感動，掩卷難忘

雖然我們不能否認現實生活中確實是有諸多的不美好，但

是，盡可能從正面和善意的角度來看這個世界，這應該還是兒童文學一個很重要的特質吧！換句話說，儘管人性中原本就是有善有惡、善惡並存，但是在兒童文學中，我們往往會放大「善」的那一面，而不是為了聳動和譁眾取寵等目的而去刻意強調人性中的「惡」。

這也就是為什麼童話寫作很需要浪漫精神的緣故。懷有浪漫精神的人，往往就是很自然地總是會從正面和善意的角度去看事情，所寫出來的故事，也才有可能使讀者的心靈受到觸動，進而深受感動。

要能做到這一點，當然很不容易，但是如果能夠做到這一點，就算這篇童話在閱讀的時候不會惹你發笑，但是在讀過之後，你一定就很難會忘記它。

《王爾德童話》　　　奧斯卡·王爾德

　　童話寫作很需要一種浪漫精神，在這方面，我覺得王爾德的童話很有代表性。他的童話作品雖然不多，一共只有九篇，但是在整個文學史、尤其是童話史上還是留下了鮮明的印記。王爾德的童話很耐讀，很多地方都令人在讀的時候就為之動容，讀完之後更會難以忘懷。譬如：

　　「當我還活著，有一顆人類的心時，我從不知道什麼是淚水，因為我住在無憂無慮，悲傷和哀愁不許入內的宮殿裡。白天，就和我的伙伴們在花園裡玩，一入夜，便在大廳裡和一群紳士淑女們狂舞。那時，在花園的四周，圍著一堵高牆，但是，我卻從來沒有問過，牆外的世界是什麼樣的光景，因為我周圍總是充塞著美好的事物。因此，我的朝臣們稱我為『快樂王子』；如果縱情享樂就

可以稱為『快樂』的話，那麼，我當時的確很快樂。我就這樣地過了一生。死後，他們把我放在這麼高的地方，因此我也得以看盡這城裡一切的醜惡與悲悽。我的心雖然是用鉛做的，但在目睹這一切的景況之後，我仍忍不住要悲傷落淚……」

—— 《快樂王子》

……他看到一幅最美的景致。孩子們正透過牆上的一個小破洞往花園裡爬，而且坐上群樹的枝幹。他在每棵樹上都看到一位小朋友。群樹對孩子們重返花園覺得非常高興，便都綻放出花朵，還在孩子們頭上輕輕地拂動樹枝。鳥兒雀躍地飛舞著，還愉快地唱起歌來，花朵從綠草中露出臉來，歡喜地笑著。這真是幅美好的景象，只不過，花園裡仍有一個角落是冬天。這個角落在花園最偏遠處，有個小男孩正站在那兒。他太小了，無法爬到樹上去，只好繞著樹走，傷心地哭著。這棵可憐的樹依舊覆蓋著霜雪，北風也仍在周圍怒吼。「爬上來啊！小朋友。」樹說著，並盡可能地彎下身子；然而，小男孩實在太小了……

——《自私的巨人》

「為得到一朵紅玫瑰，必須以死亡為報償，這代價真大，」
夜鶯說道：「對一切生物來說，生命都是最寶貴的。能夠坐在綠
意盎然的樹林裡，看著駕駛金馬車的太陽和駕駛珍珠馬車的月亮
相互追逐是多麼有趣的事。山楂的味道那麼香，山谷中潛藏的風
鈴草和山上的石南是那麼美。然而，愛情卻比生命還可貴……」

——《夜鶯與玫瑰》

讀王爾德的童話時，尤其要注意不要讀得匆匆忙忙，不要只
關心情節的發展（雖然他在情節的安排上也總是很費心思），應
該慢慢讀、細細讀，好好欣賞一下王爾德抒情的筆觸，以及許多
充滿詩意的比喻。

2

童話的邏輯性

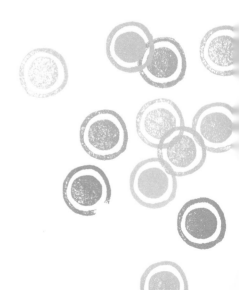

我常常有一種感覺，很多童話作家（包括我自己）在寫作的時候，好像都是在做插畫家的工作。什麼意思呢？就是說寫了半天好像只能展示一幅帶著一些童話感的畫面，太靜態了，太缺乏故事性了。

　　能夠引人入勝的故事是很需要動感的。就好像拍戲，在某一個布置妥當的場景中，必備的道具都準備好了，燈光也打好了，演員們也都化好妝、穿好戲服一一就定位了，這個時候導演一定會大喊一聲「Action！」，意思就是說接下來演員們就該開始演戲了呀！所以，接下來演員們就要開始說台詞，要有表情，要有動作，換句話說就是要有情節，要有故事，否則不就像是在拍拍宣傳劇照而已了嗎？

　　甚至，有的作家（再強調一次，包括我自己）在一篇作品中，所呈現的還是少數幾幅劇照性質、情節好像很不連貫的畫面。這又是什麼意思？意思就是故事缺乏邏輯性。

　　童話當然需要天馬行空的想像，但是除了想像，作家也要有能力控制自己的作品，這就不能天馬行空了，而是要有一定的

「準則」，這個「準則」就是作家自己給故事定下的一個邏輯。也可以這麼說，在想像的部分可以是全然感性的，愈充沛愈好，可是當你要把這個精彩的想像行諸文字的時候，就必須以一種理性的態度來處理。

童話的邏輯，首先要能自圓其說。怎麼樣才能辦到？必須透過一連串細緻的聯想。我在帶小朋友寫作營的時候，總是告訴小朋友，「寫作就是一個聯想的遊戲」，一篇作品的靈感或者說構想，往往最初都只是一個小小的點，從這個點出發到完成作品，中間還有一定的距離，我們必須順著這個點不斷地自問「然後呢？」，非常耐煩地去慢慢發展和豐富，最後還要給出一個很精彩至少是很能夠說得通的結尾。

在我兩個兒子還小的時候，有一天，我被他們吵得快要抓狂，幸好就在即將崩潰的時候，一個意念及時蹦進我這個資深小叮噹迷（就是「哆啦A夢」）的腦海：「要是我有一個小叮噹的百寶袋，我希望拿出一個能夠收集怒氣的東西，這樣我就可以把快要發作的怒氣收集起來……」，接著我又想，然後呢？收

收集下來的怒氣要做什麼用？如果一個東西一直收集怒氣，卻從來不釋放，好像也不大對勁吧？更何況在生活裡碰到有些事還是應該生氣的，如果對什麼事都不生氣，那也未免太懦弱太鄉愿了吧？⋯⋯就這麼不斷地聯想，後來我寫了一篇童話，叫做〈怒氣收集袋〉。

| 故 事 欣 賞 |

怒氣收集袋　　　管家琪

　　阿達是一個很喜歡動腦筋的小熊，常常發明一些奇奇怪怪的東西。有一天，他發明了一個「怒氣收集袋」，急著想找人做試驗。

　　他先跑到哥哥房間，哥哥正坐在書桌前寫功課，根本沒有發覺阿達進來。他從後面把袋子往哥哥的頭上一套，哥哥嚇了一大跳，大叫：「幹嘛！」然後隨手就把袋子扯下來，「誰把塑膠袋

套在我的頭上？」

「什麼塑膠袋？」阿達糾正道，「是『怒氣收集袋』，笨蛋！」

「怒氣收集袋？」哥哥聽得一頭霧水。

「對呀，」阿達說，「這是我花了一個上午，嘔心瀝血，絞盡腦汁才發明出來的。」

哥哥把袋子接過來，看了幾眼，還是看不出個所以然：「這玩意兒有什麼用？」

「收集怒氣呀，笨！」阿達老氣橫秋地說，「你看，只要在發脾氣時，把袋子往頭上一套，就可以把所有的怒氣收集起來，暫時保管，這樣就不會再生氣了。」

「點子不錯，」哥哥笑起來，「不過很抱歉，我現在沒有怒氣，你何不去找別人試試？」

說著說著，媽媽買菜回來了，一進門就繃著臉，機關槍似地尖聲發牢騷：「真氣人，蜂蜜價格漲那麼多，一點道理也沒有，也沒有人管，可惡──」哇，看來怒氣還不小。阿達趕快跑過

去，把袋子朝媽媽頭上一套──

嘿，說時遲那時快，媽媽竟然立刻細聲細氣起來：「簡直是搶劫嘛，好莫名奇妙喔。」

「有效了！」阿達大樂，興奮得手舞足蹈。

「這是什麼呀？」媽媽把袋子拿下來，柔聲問道。

阿達得意地說：「這是我發明的怒氣收集袋，剛才已經把妳要發的怒氣通通都收集起來啦！」

「真的嗎？」媽媽聽了很高興，「那你也去幫幫爸爸吧，爸爸正在外面大發脾氣呢！他種的聖誕紅又被人偷了。」

阿達跑到花園，果然看到爸爸正兩手插腰，聲如洪鐘地大罵不已：「哪個臭小子，又偷了我的聖誕紅，要是被我發現──」

阿達趕快把袋子朝爸爸的頭上一套，才一眨眼的工夫，爸爸立刻好脾氣地說：「我一定要好好地教訓他一頓不可啦，先把他打得滿頭包喲，再叫他滾哩！」

這樣溫柔地罵人，連爸爸自己都覺得奇怪，不禁自言自語：「我這是怎麼回事呀？」

阿達這才把袋子拿下來，解釋道：「是我把您的怒氣都收集起來了，這樣才不會傷身體啊！」

　　「你這個小鬼，」爸爸摸摸他的頭，「你來得正好，我要出去買點東西，你幫我在這兒看守一下聖誕紅，不要讓別人來偷，好不好？」

　　「好啊！」阿達滿口答應。

　　「小心一點，我馬上回來。」爸爸說完就走了。

　　阿達坐在花園裡，一面看守聖誕紅，一面喜滋滋地想著，「嘿，怒氣收集袋的成果還真不賴，以後只要看到爸媽生氣，我就可以馬上讓他們變得笑口常開。不過──」

　　他捧著袋子開始思索，「收集起來的怒氣要怎麼辦呢？」

　　突然，有兩隻大野狼鬼鬼祟祟地冒出來。

　　一隻說：「糟糕，有人在看守哪！」

　　另外一隻說：「沒關係，只不過是一頭小熊，跟玩具差不多嘛！」

　　說完，就凶巴巴地對阿達大喝一聲，「喂！聽說你們這兒有

漂亮的聖誕紅，我們打算借兩盆回去。」

「不行！」阿達著急地跳到聖誕紅前面，「這是我爸爸辛辛苦苦種的，不能讓你們隨便拿走！」

「走開！」可惡的大野狼把阿達往旁邊一推，「可惜你管不了我們啦，小鬼！」

他們正要動手，忽然聽到一聲大吼：「簡直是搶劫！」

大野狼紛紛回過頭來，只見阿達頭上罩了一個奇怪的袋子，兩手插腰，看來怒氣衝天，正朝著他們倆厲聲指責：「莫名奇妙！」

大野狼忍不住互相嘀咕：「這小子怎麼啦？」

「他幹嘛要把塑膠袋套在頭上？那個塑膠袋有什麼祕密？」

氣得兩眼都快噴出火來似的阿達，還在痛罵著：「我非要好好教訓他一頓不可！先把他打得滿頭包，再叫他滾！」

「『他』是誰呀？是指我們嗎？」看阿達氣成那樣，大野狼有一點手軟了，「這小子是不是氣瘋啦？樣子這麼恐怖——」

這時，爸爸回來了。爸爸大老遠一瞧見花園裡有兩隻大野

狼，馬上趕過來：「喂！你們兩個在這裡幹什麼？別碰我兒子！別碰我的聖誕紅！」

大野狼看見魁梧的熊爸爸，一秒鐘也不敢多耽擱，立刻落荒而逃！

當爸爸把阿達頭上的袋子拿下來時，阿達的小臉仍然漲得通紅：「哼！氣死我了！」

「好啦！沒事了。」爸爸和藹地拍拍阿達，「你真勇敢，這樣盡責地保護聖誕紅，你一點都不怕嗎？」

「怕什麼，」阿達笑嘻嘻地說，「我有我的怒氣收集袋呀！」

再比方說，寫〈影子不上學〉這篇中篇童話的時候，最初我只是想，就算是再乖的小孩恐怕也會有不想上學的時候，可是小孩要不上學當然不太可能，那麼小孩的影子呢？於是我寫了一個貪玩的影子，他是一個小孩的影子，有一天當他發現原來上學是

小孩的事，不關他的事，就高高興興地跑出去玩了，一路上陸陸續續碰到了樹影、幻影、賊影、鬼影、陰影、魅影……（還有什麼影呢？）然後呢？最後我當然還是得想辦法讓他回家，我的辦法是運用手影。

我相信優秀的童話一定都有它內在的邏輯性，哪怕是再誇張的故事也應該有它自己的一套邏輯。有了這個邏輯性，故事才能有情節，情節才能不斷地往前推進，最後也才能有一個合情合理的結尾，不至於能放不能收。我們總是提醒小朋友，作文千萬不可以虎頭蛇尾，其實寫童話也是一樣，最怕虎頭蛇尾。

所以，童話寫作，表面上看好像很自由，因為反正都是在現實世界不可能發生的事，你要怎麼幻想都行，但事實上，一篇優秀的童話，如果希望能夠打動讀者，深具感染力，就不可能是完全自由的；它的劇情必須經過精巧的設計，所有情節的發展都必須是有跡可尋，這樣才能讓讀者在不知不覺之中慢慢入戲，並且有一種明知是假的，讀起來卻很真實的感覺，甚至，讀者還會情不自禁地希望那會是真的。

當然，童話的邏輯不可能也不必百分之百地符合眞實。比方說，醜小鴨最後變成了天鵝，這個邏輯很能解釋爲什麼主角在小的時候會是一個「醜小鴨」，因爲每一種生物本來就都有屬於自己的一套審美標準，至於爲什麼在鴨棚裡會出現一個天鵝蛋似乎就不必去深究了。

　　又比如在灰姑娘的故事裡，能夠把故事推向高潮的邏輯，當然就是魔法是有時間限制的，因此灰姑娘在凌晨十二點以前一定要離開舞會，否則她的馬車會變回南瓜，她自己也會變回衣衫襤褸的模樣。假設神仙教母是對灰姑娘說：「仙蒂瑞拉，妳平常實在是太辛苦啦，今晚機會難得，妳愛玩到幾點就玩到幾點吧，就算是玩個通宵也不要緊！」那麼，接下來的故事要怎麼辦？如果灰姑娘不是玩得幾乎忘了時間，她就不會匆忙離去，並且在匆忙間遺落了一隻玻璃鞋，如果王子沒有撿到這隻玻璃鞋，後來又怎麼能夠拿著鞋子去讓所有的姑娘都來試穿？

　　這個故事當然是有漏洞的。既然當半夜十二點鐘聲敲響的時候，一切魔法都會消失，照說就不可能單獨留下一隻玻璃鞋。不

過，童話的邏輯本來就不太可能毫無破綻，否則如果你要問那些小貓小狗為什麼會說話？那就根本沒有童話了！

關鍵是在寫作的時候，作家心中要有一種強烈的邏輯意識，有了邏輯，才能把故事推動得順理成章。甚至還能運用這個邏輯來巧妙地設計一些伏筆，讓讀者一路讀下去，一方面會對結尾感到有些意外，另一方面又會被你說服，覺得確實都是在情理之中。

| 故 事 欣 賞 |

傲慢的小精靈　　王文靜（四年級）

從前，在離人類很遠很遠的地方，有一所精靈學校。在精靈學校旁邊，生活著許多小精靈，他們相親相愛，互相幫助，過著無憂無慮的生活。可不知為什麼，有一天，那個最小的精靈突然變得傲慢起來。

清晨，音精靈早早就起了床，她要練習聲樂，攻讀精靈學院的音樂學位。她可認真了，每天都會站在清澈的湖邊，「咿咿呀呀」練習一上午。那天被小精靈看見了，於是他說：「別唱了，快別唱了，難聽死了。連蛤蟆都比你唱得好！」音精靈聽了，傷心地走了。

　　「叮……」精靈學校的晨讀鈴聲響了，值日生木精靈對小精靈熱情地說：「早上好呀，小精靈。」可小精靈看都不看他一眼，就趾高氣揚地飛進了教室。

　　教室裡，花精靈和水精靈正在寫請柬，因為水精靈要過生日了。小精靈剛一進來，水精靈微笑著把請柬遞給他，並盛情邀請他參加。誰知小精靈看都沒有看一眼請柬，就丟進了垃圾桶裡，還說：「去你家？非得被水淹死不可！我這種高貴的精靈，怎麼能去那種地方呢！」水精靈呆在那裡不知說什麼好，眼睛裡噙滿了淚花。花精靈看了，連忙走過去，拉著水精靈走了。

　　第二天晚上，精靈們在水精靈家玩得很開心。音精靈演唱了最新參賽歌曲「藍精靈」，花精靈表演了舞蹈「歌聲的翅膀」，

木精靈表演了鋼琴獨奏「夢幻曲」，大夥兒唱呀，跳呀，好不開心。

水精靈忽然很憂傷，望著大家，問：「你們知道小精靈為什麼變得如此傲慢了呢？他原來是多麼謙虛可愛呀。」

土精靈把事情的經過告訴了大家。原來，前幾天，精靈學校頒布了年終最佳精靈獎，獲獎者小精靈。從那一刻起，小精靈忽然覺得自己很了不起，於是，他把獎狀天天拿在手裡，四處炫耀，還把獎章鑲在帽子上。

大夥兒不知說什麼好，唱完生日歌後，都離開了水精靈家。

第二天，太陽照常升起。大夥兒都在忙著自己的事兒，唯獨少了小精靈。大家都四處尋找，湖邊，樹林裡，小山旁，哪裡都不見他的身影。忽然，水精靈大聲叫了起來，大家急忙圍過來，一看，原來是小精靈那頂鑲著獎章的帽子。精靈們這才知道，小精靈昨天夜晚和拿拿巫婆激戰了一個晚上。

巫婆被趕走了，小精靈也不見了。

「你在哪裡呀，快回來喲小精靈……」大夥兒四處哭喊著，

叫喚著小精靈，可回來的只有森林裡陣陣的回音。

 管阿姨點評

　　這篇作品最突出的地方就是邏輯性很強。文靜小朋友在下筆之前，一定是已經把故事來來回回地想過很多遍，所以當她開始下筆以後，寫到第一段「那個最小的精靈突然變得傲慢起來」的時候，文靜的心裡其實是很清楚為什麼小精靈會突然變得傲慢，可是她故意不說，直到故事都已接近尾聲的時候還故意製造一個誤會，讓大家誤以為小精靈是得了獎才傲慢，而因為傲慢小精靈又成天都戴著那頂鑲著獎章的帽子，最後大家就是因為這頂帽子才恍然大悟，原來小精靈的「傲慢」是裝出來的，是為了保護大家，這麼一來，小精靈的高尚形象就非常鮮明了。可以說從頭讀下來，這篇故事的情節是一環扣一環，邏輯相當縝密。

我覺得如果是處在一種比較理想的寫作狀態的時候，腦海中往往都是會有畫面的，而如果能夠設計出該篇童話的邏輯，情節發展就會比較流暢和生動，作品的故事性就會比較強。童話創作應該避免一廂情願，別讓讀者感覺到好像是作家想讓主角得到寶物，主角就突然得到一個寶物，作家想要一個東西說話，那個東西就突然沒頭沒腦地張口說話，甚至還會說一些完全不符合角色本身特性和背景的話……這麼一來，故事就會進行得很勉強，還會常常東跳西跳，給人一種捉襟見肘、自說自話之感，那還怎麼可能打動讀者呢？

　　此外，一篇童話的結尾，往往也很能看出這篇童話的邏輯性夠不夠縝密、夠不夠精彩。好的結尾，能夠大大地發揮「畫龍點睛」之妙；這個道理其實在寫一般的記敘文的時候也是一樣。

遇上哆啦A夢　　　覃建文（六年級）

我從小就是一個「哆啦A夢」、又稱「小叮噹」的迷。我書桌上的四分之一都是「哆啦A夢」的書。哆啦A夢是一個來自22世紀的「機器貓」。他那又大又圓的頭下有一個小叮噹，所以便叫他小叮噹了。他身上有一個口袋，裝了一大堆有用的道具，例如：竹蜻蜓、縮小電筒、隨意門等。

一天夜晚，爸爸媽媽都到外地工作，哥哥也睡著了。耶！我好久沒熬夜了。於是，我便觀賞電視節目。剛好當夜播放哆啦A夢的節目，於是我便獨自在客廳裡笑破肚皮，哥哥竟然聽不到呢！哆啦A夢的節目播完後，我慢慢將目光移到牆上的時鐘，啊！明天還要上課呢！於是，我便立刻洗刷後上床睡大覺了。

第二天，我懶洋洋地從睡夢中起來。糟了，我昨天忘了開鬧鐘，遲到了！我不去梳洗了，立刻穿上校衣，拿上書包，便好像

賽跑選手衝向學校。跑到一半，我看見樹上的葉子搖搖擺擺。又沒風，樹葉為何會動？難道是小偷？當我走前一看，有個像哆啦A夢的東西在我面前跌下。哇！是真的嗎？竟然是哆啦A夢！

哦！原來是我孫子送給我的禮物。之後，他問我為什麼滿頭大汗，我便一五一十地告訴了他。他拿出「隨意門」，還說一聲去我的學校。我一開門，到學校了！還好沒遲到。我在班上很興奮地告訴大家：「我遇上哆啦A夢啦！」老師卻罵我胡說八道，同學也在取笑我。到了下一節，鈴——

原來是一場夢，多可惜呀！如果是真的就好了，我懶洋洋地起床，準備後便上學了。走到一半，我看見樹葉搖搖擺擺。愛幻想的我懷疑地走向前，一隻貓掉在我面前……

管阿姨點評

這是一篇很可愛的文章，寫的是一個哆啦A夢迷的一場白日夢。全文最精彩的部分就是結尾。

「我懶洋洋地起床，準備後便上學了。走到一半，我看見樹葉搖搖擺擺。愛幻想的我懷疑地走向前，一隻貓掉在我面前……」以這樣開放式、任讀者自由去想像和詮釋的結尾，來對照前面夢境中的情節（「跑到一半，我看見樹上的葉子搖搖擺擺……當我走前一看，有個像哆啦A夢的東西在我面前跌下……」）真可謂是神來之筆。

因為一般寫作夢往往都是結尾太過倉促和平淡，經常都是一寫到夢醒就草草結束，小作者所安排的這樣一個饒具創意的結尾，真是令人印象深刻。

童話的主題

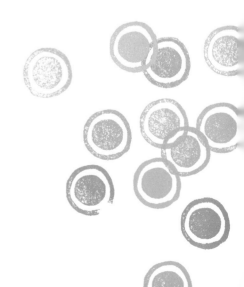

在童話創作的過程裡，還有一件事恐怕也是必須面對的，那就是主題。

每個童話作家都會有自己的一套童話觀，甚至是一套有如宗教般堅定的信念。我的童話觀是什麼呢？我翻閱自己在諸多作品集子裡寫過的「自序」或是「後記」，抄錄一些比較有代表性的說法如下：

> 我寫童話本是基於一種遊戲般的心情。和所有母親一樣，我也在當了媽媽以後，從孩子身上領會了太多的美和純真，於是試著把一些想法寫下來，和大家分享。
>
> ——《口水龍》後記／民生報／1991.7

> 我寫童話從來沒有什麼偉大的社教目的，或這方面的企圖心，始終只是單純地把自己定位成是一個「說故事的人」而已。儘管有些朋友會很好心地找出我某些作品中有哪些教育意義，其實那都不是我的本意。我的本意，只是希望能說

一個個好聽、精彩的故事。

　　　　　　　　──《捉拿古奇颱風》後記／民生報／1993.5

　　寫作對我來講是一件很自閉的事，至少在寫的時候，我完全是封閉在自己想像的世界裡，千山我獨行，不必相送。

　　　　　　　　　　　　　　　　──《捉拿古奇颱風》後記

　　我希望自己能永遠是一個「童話人」，永遠都保有這種「用童話視角來看待生活」的本能，永遠都是一個「好玩的大人」，當然，也永遠和孩子們在一起。

　　　　　　　　──《惡魔和傻大個兒》自序／幼獅／2004.3

　　不過，所謂「和孩子們在一起」並不是說要刻意迎合孩子；如果一味迎合孩子很可能就沒有文學了，這跟過分強調文學性結果卻讓孩子難以親近一樣，同樣都是一種極端。

　　我翻遍自己所寫過的談及童話觀的文字，就是沒有一篇是強

調主題的。

（但是林良先生在為幼獅公司2010年一月份出版的《冬天的童話》、《種下一棵吉祥樹》、《龍的選擇》、《尋找獨角獸》等四本圖文書的推薦序中，說「趣味」是我永恆的主題，我覺得林先生真厲害！）

每次在擔任兒童文學獎的評審時，若要討論一篇優秀的童話到底應該有哪些標準？我心目中的標準總是這三個：1.原創性強；2.童話味濃；3.結構好，也就是作者有能力駕馭自己的思路，能夠把一個故事講得精彩。在我的標準裡，也沒有「主題」這一項。

我覺得，不管是大朋友或小朋友，除非你是要參加徵文比賽，否則大可不必太過考慮主題問題，只要是「沒有不健康的意識」就行了，不如還是把主要的精力放在如何更好地經營一個故事這件事上面；如果是要參加徵文，倒是或許有必要多考慮一下主題。因為，太多的結果告訴我們，寫一些具有明顯主題的作品，讓評審們很容易歸類或者以此來大做文章，通常確實是比較

討好，但是同樣也有很多很多的例子足以說明，一旦一開始就太強調著重主題的作品，好像讀起來往往也會比較枯燥和乏味，現在幾乎可以說是氾濫成災的環保童話就是一個明顯的例子。

何況，很多作品的主題也並不容易歸類，或者也沒有必要非要歸類不可，只要以童話作品的角度來看是一篇好作品就行了。

譬如下面這一篇作品。

| 故 事 欣 賞 |

沒有大人的世界　　鄭敏潔（六年級）

在一個炎熱的下午，當我正津津有味地閱讀課外讀物時，突然媽媽叫道：「女兒啊，快來揀菜！」瞧，媽媽又在叫我做事了。我雖然不願揀菜，但是母命難違，只好硬著頭皮去揀菜。我邊揀邊想：如果這個世界沒有大人存在，那該多好啊！

突然，一陣風把正在煮飯的媽媽和正在看書的爸爸吹走了。

我連忙跑出去看個究竟，原來全世界的大人都已經被「龍捲風」吹走了。

正合我意，我不再受大人的「控制」了。正當我感到高興的時候，廚房傳來陣陣的燒焦味。我三步併作兩步地奔向廚房，一看，原來鍋裡的菜炒焦了。我把焦菜倒進垃圾箱後，順手把鍋丟在地上。反正沒大人，不要緊。我又回到房中看書了。

下午，我的肚子已餓得「咕咕」叫了。平時在這個時候，媽媽都會叫道：「大家快來享用午餐啊！」這句話我都聽膩了。由於肚子餓得無法忍受，我只好到廚房做「老鼠」。只見那個鍋還靜靜地躺在原地。沒辦法，我唯有買麵包充飢。

路上傳來喧鬧聲。我湊前一看，竟是兩個小孩為了一個玩具車而打架。圍觀者都是小孩，誰也勸不住他倆，結果他們兩敗俱傷。

我好不容易才繞到商店，可是這裡也是一片混亂，許多飢餓的小孩正在狼吞虎嚥地吃著糖果、點心。我也搶了一個麵包正想往嘴裡送，忽然被一個比我高大一點的男的搶去餵貓。我氣極了，就朝貓狠狠地踢了一腳。那貓疼得直叫，牠的主人就揮著拳

頭向我打過來，我嚇得扭頭就逃。我不由得想著，現在要是有大人，那該有多好啊！

無論我走到哪裡，哪裡都能聽到小孩呼喊爸爸、媽媽的聲音，我也忍不住大喊起來：「我要爸爸媽媽……」話一剛落，又是一陣風，我的爸爸媽媽和全世界的大人們都回來了，我開心地唱啊跳啊，歡樂無比。

我這才知道：我們離不開爸爸媽媽，爸爸媽媽也離不開我們。

一步的推想——如果這個世界真的沒有了大人，會是一種什麼樣的情景呢？這樣的推想十分有趣。有的時候只要再多想一下，就會產生好的創意。

接下來，小作者就想像如果沒有了大人會有哪些情況，並且從家裡到街上，從自己到別人，用這些具體的情況來說明這個世界上其實是不能沒有大人的。

大人被龍捲風吹走，又被風吹回，很有一種卡通效果，也頗有《綠野仙蹤》中桃樂絲被龍捲風吹走的感覺，這樣的安排，趣味十足。

這篇作品整體表現還不錯，就是結尾應該斟酌。由於「爸爸媽媽也離不開我們」這句話在情節中並沒有展現，因此和「我們離不開爸爸媽媽」放在一起就顯得有點兒草率和勉強。

總之，特別是在起步階段，我建議大家不必對於主題問題太費心思，還是把重點放在如何好好地經營和處理一個故事吧。

4

童話寫作的樂趣

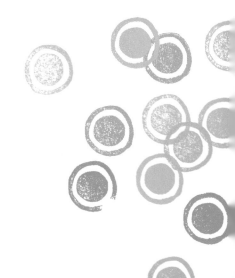

童話寫作最大的樂趣是什麼呢？

我想應該還是可以盡量充分發揮你的想像力和聯想力吧！

比方說儘管現在科學已經很進步，用科學已經可以解釋很多的事情，但我們還是可以運用童話的角度來看待和「解釋」萬事萬物，你會發現用這樣的角度來看世界，世界會變得可愛得多。

其次，我覺得童話寫作很能享受「小題大作」的樂趣。從一個小小的點，慢慢琢磨，慢慢聯想，逐漸將它發揚光大，把很多表面上看起來沒有多大關係的事物，通通用童話的筆觸聯繫在一起，然後呢在充分幻想之餘，一切又都是在我們的掌控之中（就是要注意童話的邏輯性以及情節的鋪陳等等），這整個過程實在是太過癮啦。

有些童話，戲劇性（也就是故事性）或許不是那麼強，可是，只要能夠「小題大作」，在聯想和創作的過程中還是很有樂趣的。

至於要怎麼樣去抓住那些足以「小題大作」的靈光，我建議大家平常就要積極廣泛地從日常生活中去蒐集靈感。我們的思

緒總是很飄忽的，經常都是一會兒想到這裡，一會兒又想到那裡；明明前一秒鐘還下定決心這一堂課一定要專心聽講，下一秒鐘就被老師提醒「你怎麼又在發呆」。如果想在提筆的時候依靠靈感來幫忙，那是很靠不住的。這也就像小朋友在寫作文的時候一樣，絕不可能等看到題目了才開始等靈感，一定要在平常的時候就先廣泛蒐集靈感，最好找一本固定的小本子經常記錄，因為記錄下來就會比較有印象，也比較可能進入大腦去慢慢地醞釀，等到有一天醞釀成熟，突然從腦海中冒出來，這就是所謂的「靈感」。

小朋友一定要記住，作文（或者我們說寫作）絕對不是當你提起筆來要開始往作業簿上寫字的時候才開始的，我們平常就都是在為作文做準備，一方面隨時加強自己的語文程度，另一方面就是蒐集素材。所以，要提高作文能力一定要靠累積的工夫，不僅累積詞彙量和語文常識，也要累積素材。而收集童話寫作的素材，更是一件又好玩又有趣的事；哪怕只是聽到或想到一句好玩的話，你也不妨把這句話再多想一下，也就是多琢磨一下，或許

就會激發出一個很棒的靈感。

我是一隻鼠　　張雍雍（六年級）

在一個寒冷的夜裡，我在一條陰溝的破洞裡出世了。

自我懂事以來，我常見兄姊們到垃圾堆裡覓食，看得我噁心又反胃。從此，我發誓要當一隻乾淨的小老鼠。我從來不跟大夥兒吃垃圾堆裡骯髒腐爛的食物。「鼠輩」們當我是異類。

離我的住處不遠是一排雙層排屋。我經常到那兒去覓食。其中一家有個既善良又糊塗的婦女，她經常在夜幕低垂時把吃剩的食物往後巷路面扔。她原是想讓屋瓦上的鴿群填飽肚子，但是鴿子們往往來不及吃就歸巢去了，此時，也就是我的用餐時間啦！

當然，除了我，還有一些流浪貓和流浪狗會前來和我搶食。眾所皆知，貓狗可是我的冤家呀！故此，我往往是戰戰兢兢地和

他們搶吃，結果是餐餐都處於半飽半餓的狀態。

　　偶爾，當我見到另一家的印裔婦女忘了塞好她家的排水洞時，我頓時樂得心花怒放，心想：這下有機可趁了。我一鑽，就鑽進她家去。印裔人對我的到來並不如華人般地喊打喊殺，只因我是他們心中的神明。他們總會讓我飽食一餐，然後慢慢地、小心地把我趕出家門。

　　在華人社會裡，老鼠向來沒有什麼好名聲。一句「過街老鼠，人人喊打」，還有「蛇鼠一窩」、「賊眉鼠眼」等成語足以印證一切。為了避免成為他們的掌下犧牲品，我每天都誠惶誠恐地過日子，並頻頻祈禱能逢凶化吉。

　　唉，我多希望自己能化身為迪士尼樂園中人見人愛的米奇鼠，過著逍遙自在、無憂無慮的生活！

管阿姨點評

　　這是一篇馬來西亞華人小朋友的作品。

　　通常像這樣以擬人化、又是採「第一人稱」（主述者是「我」）的方式來寫作，都不容易寫得好，而這篇作品卻是難得的佳作。

　　看到第二段，大概很容易讓大家聯想到迪士尼的卡通片《美食總動員》，不免讓人擔心這不會是一篇要模仿該片故事的作品吧，幸好從第三段開始，小作者就發展出與《美食總動員》完全不一樣的故事。

　　「聯想豐富」是這篇作品最成功的地方。儘管表面上小作者好像是以童話的方式來敘述（一般都是這樣的），但是小作者針對老鼠所產生的聯想真是方方面面，有傳統文化上的、語文上的，還有流行文化上的，多彩多姿，十分可愛。

問號與感嘆號的煩惱　　葉典昂（國一）

在一個星空皎皎的夜晚，問號和感嘆號閒著沒事做，就談起天來。

問號問：「真不知到底人們是怎麼搞的？為何讓我們大材小用？人類又為什麼那麼重視句號、逗號和頓號？」

感嘆號嘆道：「哼！我哪一點比不上逗號！我比他高，精力比他充沛，感情又比他豐富，可是文章裡出現的次數卻比他少，我真想不通！」

「咦？為什麼我們不向人類提出抗議？」

「是啊！我們寫信給他們，讓他們了解我們的感受吧！」感嘆號說道，並且開始寫信了。

信是這樣的：

親愛的人類們？！

　　我是問號？我有一點想不通？為什麼您們很少用到我？我並不比句號差？有哪一點我比不上他們呢？您們可以回答我的問題嗎？

　　您們好！我是感嘆號！我和問號一樣感到失落！心裡很不是滋味！你看那逗號！大腦袋又有小尾巴！那句號！一個圓圈裡什麼也沒有！快改正你們的錯誤吧！

　　　祝
　　身體健康

　　　　　　　　　　　　　　　　　　問號？感嘆號！上
　　　　　　　　　　　　　　　　　　2009年2月9日

　　把信寄出後，遲遲他們還是得不到回答，問號與感嘆號再也等不下去，只好再想一個辦法。那一天晚上，他們來到小明

的家，把他的華文課本裡其他的標點符號都改成問號和感嘆號。他們心想：明天，他們讀了我們給改寫的文章，一定會重視我們了。

　　隔天，小明在上華文課時，華文老師讓小明朗讀課文，題目是〈半夜鳴叫〉。他念了起來：「一天晚上？給老闆幹活的員工們走了出來！都累得晃晃蕩蕩？有的唉聲嘆氣地說！累死我啦？有的罵！為什麼要加班？……」這時，課室裡的同學都哄堂大笑。

　　「停！」老師喊：「你是怎麼讀的？」

　　小明說：「依照書上文章所寫的讀啊！」

　　老師接過小明的課本時，奇怪地說：「怎麼書裡全是問號、感嘆號呢？怪不得意思奇怪，快換一本書來念吧！」

　　這時，躲在小明書包裡的問號與感嘆號聽後也大吃一驚，原來加上了我們之後，文章讀起來是這麼難聽啊！他們只好灰溜溜地回家去，再也很少見到他們了。

每一個標點符號都很重要，都有著不可取代的作用。在學習作文的過程中，如何正確、巧妙地使用標點符號，確實是非常重要，但卻經常受到大家的忽視。這篇帶著濃厚寓言性質，讀來也頗為有趣的作品，所講述的就是這樣一個道理。

　　小作者用一種趣味的方式，讓讀者都能讀懂其中的道理並產生認同，算是相當成功。只可惜故事處理得有些虎頭蛇尾，「他們只好灰溜溜地回家去，再也很少見到他們了」交代得太過含糊不清。如果能把結尾再琢磨琢磨，一定會更好。

|故事欣賞|

電風扇的話　　　　王淑賢（四年級）

　　我是4N班的電風扇，我有兩個姊妹。雖然我們的身體很扁，可是，我們卻很有用。每天，我們都為人們提供涼風，而我們

卻跑得很累。我們很想處罰那些人類，於是，我們便開始想辦法。

　　一天，大姊終於想到了三個計畫。第一個計畫是：反方向跑。當人們叫我們跑時，我們都向反方向跑。我們以為向前跑會吹出涼風，而向後跑時，則會吹出熱風。結果，向後跑也一樣吹出涼風，所以第一個計畫失敗了。於是，我們便開始進行第二個計畫。

　　第二個計畫是：一個向前走、一個向後走、另一個向旁邊走。結果，人們沒吹到風，我們也互相撞得傷痕累累。第二個計畫也失敗了。於是，我們進行第三個計畫。

　　第三個計畫是：怒氣衝天。我們互相吵架，大姊先罵我，我反罵大姊，二姊則一口氣罵我們倆。我們越罵越生氣。當人們再次叫我們跑時，我們跑得很快。我們一邊跑，一邊把肚子裡的怒氣吐出來。我們以為這樣做，人們就會吹到熱風。可是，吹出來的風還是一樣涼。我們無能為力，只好任由人們擺布。

　　到了冬天，人們不再使用風扇，我們的身上都布滿了灰塵。我們真希望春天快點到來，就算跑得渾身出汗也沒關係。

管阿姨點評

　　這是一篇很可愛、很有趣，也很有意思的童話。考慮到小作者僅僅只有十歲，就會覺得小作者的表現更是可圈可點。

　　教室裡的電扇，原本是平凡無奇的設備，小作者卻獨具慧眼，將它作為童話的主角，並且運用擬人化的技巧，先讓三個原本是各自獨立的電扇具備親屬關係，然後三人協同作戰，共同為了「怎麼樣才能吹出熱風、怎麼樣和人類作對」這樣的目標而努力，這就構成了故事一條清晰的主線，順著這條主線，一切情節的發展都是那麼樣的順理成章。

　　更有意思的是結尾。儘管電扇三姊妹雖然沒能達成和人類作對的目標，但是在冬天來臨，人們不再「奴役」（使用）她們以後，她們應該感到高興才對啊，為什麼她們反而「真希望春天快點到來，就算跑得渾身出汗也沒關係」呢？其實這就是一種人性。在我們一心希望達成的目標突然達成的時候，我們往往反而會有一種悵然若失的感覺。小作者小小年紀居然就已經有這樣的悟性，能夠寫出這樣的感覺，使得這篇作品在有趣之餘又增添了一些深度。

5

如何從生活中去
發掘童話的好點子

寫作，其實應該說是所有形式的創作，都是離不開生活的。童話這個迷人的文類，雖然表面上看起來好像一切都是想像，但其實絕對不是「憑空想像」，如果你對一位童話作家的真實人生歷程有所了解，在欣賞這個作家的童話作品的時候，就算作家沒有把一些大道理一直掛在嘴邊，你一定還是比較能領略出作品中的內涵和精神。比方說，讀安徒生的童話，總是能感受到一股溫暖和向上的力量，這在很大的程度上就是因為安徒生本人的價值觀就是深信每一個人都是應該力爭上游的。

　　其次，所謂「太陽底下沒有新鮮事」，因為所有文藝作品內在的精神和情感一定都還是源自於生活，所以只要仔細去分析，一定都可以在生活中找到一些蛛絲馬跡。這也是為什麼「原創性」會那麼可貴的原因，畢竟，生活本身往往都是很平凡的，能夠從平凡的生活中提煉出一些不平凡，並且還要是別人比較沒想過的，這當然是非常不容易的事。

　　不過，所謂的「生活」是一個很大的概念，聽起來好像很籠統，如果要落實到童話寫作上，到底該如何從生活中去發現和挖

掘童話的好點子呢？我認為無非是以下四個大方向，那就是「從古典童話中去尋求靈感」、「胡思亂想」、「卡通化」以及「有話要說」。

下面我們就一個一個來加以說明。

從古典童話中去尋求靈感

我經常跟小朋友們說，寫作是一個聯想的遊戲，那麼，該如何提高我們的聯想力？無非就是要養成喜歡「看」、以及多「看」的習慣。「看」什麼呢？看大自然、看人、看東西，這些「看」其實就是「觀察」，除此之外當然最重要的還是要看書。

杜甫說，「讀書破萬卷，下筆如有神」，確實是如此，這個「神」其實就是「靈感」，讀書讀得多，聯想自然就會比較快、也比較豐富；所謂「舉一反三」、「觸類旁通」，不都是強調那

種自然而然的聯想嗎？

特別是如果古典的精品讀得多，對於加強我們創作的素材、激發我們的聯想能力一定都會大有幫助。（關於這一個部分，也請參考《想像，是童話的翅膀——讀童話學作文》初階。）

長期以來，古典的作品不僅早就深入到人們的生活之中，成爲文化的一部分，更一直是一個取之不盡、用之不竭的寶藏，你看就連許多的影視作品不是都還經常把古典作品拿出來多方運用，不斷地用新的科技、新的詮釋角度來努力的「舊瓶裝新酒」嗎？

| 故 事 欣 賞 |

不會笑的公主　　　管家琪

一個年輕的公主，愁眉苦臉地坐在窗前，百無聊賴地望著窗外。

「唉，無聊死了，」公主皺緊了眉頭，「好煩哪！」

正這麼想著，忽然，她聽到外頭傳來陣陣的笑聲，笑得好誇張、好離譜，好多人甚至笑得上氣不接下氣。

「什麼事情這麼好笑？」公主好奇地坐直了身子，探頭猛瞧，想找到造成這場大爆笑的原因。

她很快就找到了。

那真是一副超級可笑也超級滑稽的景象：一個穿著很土、長相也很土的年輕人，抱著一隻金光閃閃的肥鵝，後頭跟著七個人；這七個人中，有三個是姊妹，一個牧師，一個教堂的工作人員，還有兩個農夫，他們一個拉一個，變成一大串，最前面的是一個女孩子，兩手死死地黏著那隻金鵝。這奇怪的隊伍一路搖搖擺擺地走過來，七個人的表情都是一副又急又窘的模樣，嘴裡還不停地咒罵著：「可惡！怎麼會黏得這麼緊啊！怎麼一直弄不開啊！」

公主看到這裡，不由得笑了起來。

旁邊的宮女一看，先是露出不敢置信的表情，繼而驚喜交加地衝出去，邊跑邊嚷：「公主笑了！公主笑了！」

「喂！站住！」公主急了，但是，已經來不及了，那個宮女因為太過高興，跑得特別快，就像一陣風似的，轉眼就跑到了國王和皇后的面前。

公主立刻轉過身來，望著窗外那個土土的男孩子；那個傢伙對於身後那一串人的懊惱似乎毫無所覺，仍然傻瓜ㄅㄨㄅㄨ地對著周圍的人傻笑。

「完了……」公主覺得眼前一黑，「咕咚！」一聲昏倒在地上。

原來，因為公主成天愁眉苦臉，從來不笑，愛女心切的國王和皇后竟因此頒布一項荒謬的法令：誰能夠讓公主發笑，誰就能夠娶公主為妻。

現在，既然那個土土的年輕人讓公主發笑，公主豈不是要嫁給他了！

過了好一會兒，公主清醒過來，一睜開眼就大嚷一聲：「我不要！」

皇后馬上迎上來，寬慰著公主：「乖女兒，別擔心，妳不用

嫁給他，事情已經解決了。」

「是嗎？」公主顯然十分意外。

國王這個時候也說：「那個笨蛋，當我告訴他，他交到了天大的好運，可以迎娶公主，他居然拒絕了！我真不敢相信，世界上竟然會有這麼笨的人！」

「真的？」公主的眼睛瞪得更大了，「他有說是什麼原因嗎？」

「原因嘛，也很奇怪，」國王說：「其實他也不是一開始就反對，本來聽說可以娶公主，他也滿高興的，只是當我們進一步向他解釋，他必須住在這裡，不能隨便跑出去，每天都要穿得非常豪華、非常正式，另外，他也必須立刻參加惡補，背熟所有的宮廷禮儀、所有貴族的名字，還有所有邦交國的名字，總之，當他一了解到這些細節以後，就嚇得連連搖手說他不要，我就賞了他一袋金幣，讓他抱著那隻金鵝走了。」

「那黏在他後面的那七個人呢？」公主問。

皇后說：「說來也真奇怪，自從妳一笑，他們就可以分開

了，好像他們本來之所以會莫名其妙地黏在一起，就是為了要逗妳開心似的。」

國王則說：「我敢說那隻金鵝一定是哪一個神仙或小精靈送給那個年輕人的禮物，目的就是要來逗妳開心，然後讓他當上駙馬爺，沒想到，這個笨蛋居然放走了這麼好的機會。」

「是嗎？我倒不覺得他笨，」公主默默地想著：「如果可以選擇，我也不想待在這裡，過這樣的生活，我好想出去走一走啊……」

接著，公主又想：「看那傢伙長得土土的，沒想到為人倒還挺瀟灑，也許他是大智若愚也說不定……下次當他的金鵝又黏了一串人的時候，他還會晃到這裡來嗎？如果有機會，我現在倒希望能夠多了解他……」

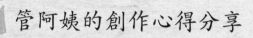

管阿姨的創作心得分享

　　相信大家都看得出來，這個故事的靈感是來自於格林童話中的《金鵝》，只是原著中是從那個「傻瓜」的角度來敘述，故事進行到傻瓜娶了公主以後結束，而這篇作品則是從公主的角度來設想。有的時候，同樣一件事，只要換一個人的角度來敘述，很多地方就會大不相同了。

|故 事 欣 賞|

十二生肖的故事　　蔡臻豪（五年級）

　　很久很久以前，森林裡生活著很多動物，有威嚴的老虎，有可愛的兔子，有矯健的馬兒……他們在森林裡過著快樂而幸福的生活。

　　有一天，玉皇大帝下旨，派太上老君去森林選出十二種動

物，作為人們的生肖。太上老君接旨後，便駕著七彩雲來到森林裡，碰巧遇上了貓，太上老君便把這個任務交給了貓。貓馬上就出發了，準備去選出十二種動物。

　　貓來到了牛伯伯家裡，因為牛伯伯起早貪黑、不求回報地給農民幹活，黑眼圈都熬出來了。貓覺得應該選舉他。貓發出了第一份請柬後，又去發第二份請柬。這次他來到了威嚴的虎大王家裡，貓心想：老虎是森林之王，當然得選他囉。虎大王也收到了請柬。貓又想：第三份請柬送給誰呢？狐狸吧，太狡猾；狼嘛，太狠毒。貓想著想著，走到了兔妹妹的家門口，貓想：對呀，這第三份就給兔妹妹吧。貓友好地敲了敲門，把第三份請柬送給了兔妹妹。貓又走呀走，看見龍大哥正在天上飛呢，貓向龍大哥招招手，把第四份請柬給了龍大哥，龍大哥說：「你去請蛇吧，她雖然毒了點，但她畢竟是我的同族。」貓便給了蛇一份請柬。這時貓看見馬春風滿面地跑了過來，問：「馬兄，今天怎麼這麼高興？」馬說：「我得到了森林運動會1200米長跑比賽冠軍，正要去領獎呢。」貓說：「可喜可賀，我送你一份生肖大會的請

束，就當作是我的賀禮吧！」這時，山羊爺爺走了過來：「你們好！」貓和馬齊聲說：「山羊爺爺好！」山羊爺爺說：「什麼事這麼高興的？」貓說：「馬兄剛剛獲得冠軍，我送給他一張生肖大會的請柬。要不，我也送您一張。」山羊爺爺說：「恭敬不如從命，這禮我收了。」貓還剩五張請柬。他又把第八份請柬交給了獲得智力大賽冠軍的小猴，又走啊走，走到了雞小姐開的美聲培訓部門前，貓想：雞小姐天天鳴叫太陽出來，真辛苦，第九份請柬就給她吧。後來，貓又把第十、十一份請柬送給了為主人盡職盡責的狗和懶散而有福氣的豬，還剩最後一份請柬沒發出去，貓說：「這最後一份請柬就留給自己吧。」

貓在回家的路上遇見了鼠，鼠問：「貓大哥，幸會幸會，去哪兒呀？」貓說：「哦，回家呀，明天七點半就要舉行生肖大會了。」老鼠馬上被氣得七竅生煙，但他強忍心中的怒火，想：好你個貓啊，生肖大會竟然沒有我的席位。好，你不仁，我不義！老鼠心生一計，拿出自己的傳家寶——三顆如意丸，他服用了其中一顆，把剩餘的兩顆放到寶盒裡，鼠說：「如意丸，帶我飛上

天。」老鼠便渾身發出一道白光，只聽「嗖」的一聲，他被一股氣流吹上了天，鼠對天上的太上老君說：「貓有緊急情況，派我來捎信，明天早上的生肖大會改於凌晨三點半。」

第二天兩點，老鼠對牛伯伯說：「我們早點去參加生肖大會吧。這樣我們就會是第一位了。」牛伯伯同意了，老鼠便爬上牛背，到了生肖大會舉辦的地點。老鼠一跳，便站在牛伯伯前面，所以就排在了第一位，牛伯伯排在第二位。後來，其他動物陸續來到，只有貓沒來，為什麼呢？因為老鼠從天上回來後，通知了其他十一種動物，沒有轉告貓，貓還以為大會是七點半呢，所以還在睡夢中呢。十二種動物排好隊，聽太上老君宣布：「從現在起，鼠、牛、虎、兔、龍、蛇、馬、羊、猴、雞、狗、豬被封為十二生肖，鼠為生肖之首，欽此！」此時貓才醒來，他梳洗完畢之後來到現場，生肖大會早已結束了。

最後貓知道是因為老鼠自己才上不了十二生肖的，他就恨透了老鼠。以後，貓只要一見到老鼠就咬，絕不留情。

雖然十二生肖的故事我們也看過很多了，但是臻豪小朋友還是寫出了新意。其實創作就是這樣的，不怕寫同樣或類似的主題，只要你有自己的想法和設計，就還是可以展現出不同的面貌。

|故 事 欣 賞|

烏鴉喝水續集　　　周新杰（五年級）

上次，那隻烏鴉用石子填瓶的方法喝到了水，受到烏鴉家族的厚待，吃香的，喝辣的。他十分得意。

在一個烈日炎炎的中午，熱得讓人受不了，烏鴉要去游泳。當他到達目的地時，大吃一驚，以前的動物游泳池被埋了，成了一片空地。他只好返回，烏鴉快速地飛回家，飛到半路就口渴得難受，飛不動了，很希望天上掉瓶水下來讓自己解解渴。終於，他發現了遠處有一戶住家，就拚命朝那屋子飛去，飛近一看，

啊！原來是鴨子叔叔家。事情湊巧，今天鴨子叔叔不在家。本來烏鴉可以向鴨子叔叔要點水喝的，這樣就只得自己去找水喝了。找了大半天，找不到水，他渴得快不行了。此時，他發現鴨子叔叔家的後院有一口水井，高興得不得了。烏鴉頓時精神抖擻，銜來一顆顆石子，不斷地扔進水井裡，可不見水升高，只是累得氣喘吁吁，汗流浹背的。烏鴉犯愁了，臉色從「晴」變成「烏雲密布」。

說來也巧，正在這時候，鴨子叔叔從外面回來了，看見烏鴉正蹲在井沿發愁，連忙上前問道：「烏鴉！你怎麼啦？」烏鴉把事情的經過一五一十地告訴了鴨子叔叔，鴨子叔叔聽完後，說：「烏鴉呀烏鴉，你做事怎麼會一成不變呢？你想用銜石子填井使井水升高喝到水，這可能嗎？你上次的舉動讓人敬佩，你這次怎麼會這麼糊塗呢？」

烏鴉聽後，十分羞愧！

這篇作品從《伊索寓言》中〈烏鴉喝水〉這個故事出發，似乎還揉進了一些中國上古神話〈精衛填海〉的色彩，然後說明了「做事不能一成不變」這樣樸素的道理。故事進展得相當明快和簡潔。

|故事欣賞|

螞蟻之戰　　　黃晨程（四年級）

九萬九千九百九十九年後，螞蟻國齊心協力打敗了人類，人類被迫離開地球，遷往火星。

那時，這些螞蟻無論是智慧還是數量，都是人類的九十九倍。

紅蟻、白蟻、黑蟻三族鼎立。

有一天，為了爭奪麥子和露珠汽水，紅黑兩螞蟻鬧起了矛盾，發動了規模最大的螞蟻戰爭。

黑螞蟻消耗了九百九十九個元寶，製造出一批黑螞蟻軍團最好的武器。但是，紅螞蟻的勢力太強大，駕駛蝌蚪激光船攻過來，不一會兒便佔領了一片荷葉。據說，這是黑螞蟻軍團的第二大荷葉，占地九百九十九平方米。

　　一個月裡，黑螞蟻屢次反擊，但屢戰屢敗。

　　黑螞蟻不甘心，繼續開發新式武器，但仍然不是紅螞蟻的對手……

　　紅螞蟻作戰室裡，指揮官紅鼻子說：「黑螞蟻投降了，從現在起，我們不用再研發新武器，完全可以狂歡了。」

　　「不行！」情報員說：「雖然黑……」

　　他的話還沒說完──「你住口！」紅鼻子已經一腳把情報員踢飛，一直跌落到北極去了。

　　紅鼻子下令：「誰再擾亂軍心，招無赦！」

　　紅螞蟻天天狂歡。

　　牠們不知道，黑螞蟻正在暗中開發一種新式機甲車，這種車占地九百九十九平方米，在車頂裝配了多門射手魚原子能發射

器，車底設置了蛙眼自動跟蹤導彈發射儀，車的兩側是發電魚電光彈裝備，還配備了各種類型的輕重型機槍和離子炮，車身上備有紅外線全功能可透視隔離防護罩，共有九十九層，任何武器都沒法擊穿它……

坐在機甲車裡，弱小的黑螞蟻們利用合體裝置，馬上可以變成一個超巨型黑蟻金剛。

終於，在一次大戰中，黑螞蟻齊心協力打敗了紅螞蟻，獲得了決定性的勝利，收復了失地。

這次大戰就是著名的、以弱勝強的——「荷葉之戰」。

 管阿姨點評

這篇作品頗有特色。從表面上看來晨程小朋友所寫的明明是一篇童話，可是一路讀下來卻頗有一種歷史故事的感覺；歷史上有不少以弱勝強、以寡擊眾的戰役，譬如官渡之戰、赤壁之戰、淝水之戰等等，晨程寫的也是這樣一場大戰，就連「荷葉之戰」聽起來都頗有一些古風，無形中也為作品添加了不少趣味性。

點子2 胡思亂想

　　有一句話說，「童話，就是胡說八道的合理化。」童話寫作首先一定要先大膽地想像。我們在本書第一章〈童話的關鍵元素〉中，也提到優秀的童話作品經常有一個重要的關鍵元素，就是「誇張」，怎麼樣才能做到「誇張」，最重要的就是要不怕幻想、敢於幻想，這是第一步，其次才是如何設法使假的看起來像是真的，如何使這個想像顯得更具說服力，譬如托爾金在《魔戒》中甚至還為精靈們設計了一套精靈的語言，這實在是太精彩也太經典啦，這麼一來，精靈們就更具真實感，故事自然也就更合理、更具說服力，不會像好萊塢電影中不管是從哪裡跑來的外星人怎麼都是說英文一樣的奇怪。

　　寫童話，首先一定要從「胡思亂想」出發，接下來才是好好地、認真地想一想，大膽地幻想一下如果這個「胡思亂想」能夠成立，會是什麼樣的景象？會發生什麼樣的故事？就這樣慢慢地

想、一步一步地想，你就會逐漸建立起你的童話邏輯，然後才能帶領讀者在你虛構的這個童話世界中，一起享受想像的樂趣。

| 故 事 欣 賞 |

我的家在月亮上　　李一諾（三年級）

一天，我的家搬到了月亮上，住進了桂花樹裡！只要沒到中秋節，出門往香桂花樹左邊走一步就是黑夜，往香桂花樹右邊走一步就是白日，可有趣了！

桂花樹裡住著我們一家。別看房子不大，可家具倒是樣樣俱全。月光做的書桌，白雲做的小床，流星做的枕頭，桂花做的椅子……用起來方便極了。記得有一次，我抱著一個超大的布娃娃上床睡覺。睡著睡著，我感到呼吸有些困難，趕忙睜開眼睛，不看不知道，一看嚇一跳。我居然連同布娃娃一起掉進了白雲床的雲海層裡，我大呼救命，爸媽好不容易把我拉了出來，可布娃

娃卻掉進了更深的地方，等我把布娃娃扯出來時，竟驚奇地發現布娃娃變得乾乾淨淨了。經過反覆實驗，爸爸得出了雲朵能洗衣服的結論。一聽到這個喜訊，媽媽高興得跳了起來，還尖聲地大叫：「我不用洗衣服囉！」從此，只要誰覺得自己的衣服髒了，就把衣服往天上一拋，等落下時就乾淨了。

月亮上的桂花樹可神奇了，在沒有泥土的情況下也能生存、長大。我在桂花樹上又種桂花樹，一棵接一棵一直搭到了地球上。我想吃魚了，就踩著桂花樹，到地球上來網一些魚蝦又回到月亮上。月亮圍著地球轉，我坐在桂花樹搭的橋上，就像坐旋轉木馬似的，好玩極了。

我和嫦娥姊姊、吳剛叔叔一起快樂地玩耍、認真地學習，每天都無憂無慮地生活著，樂不思歸。

哦，我的家在月亮上……

儘管人類早已登陸月球，知道在月球上沒有嫦娥也沒有桂樹，但是這一點也不妨礙當我們抬起頭來望著美麗月亮的時候，仍然會不由自主地產生許多浪漫可愛的想像。一諾小朋友這篇作品就是一次很棒的想像。

|故事欣賞|

我理想中的學校　　　駱依卉（六年級）

　　學校是學生學習，老師教書的地方；學校是我們第二個家。有些同學喜歡到學校去，有些同學則不喜歡。我愛學習，可是我卻不喜歡這所陳舊的學校，我理想中的學校是……

　　我理想中的學校是建築在高山上。在高山上空氣清新，環境優美。每天，同學們都是搭乘纜車到學校去的。學校的不遠處有一片樹林。

學校的四周種滿了花草樹木。風一吹來，只見花樹不停搖擺，好像在跳舞。每天，校工會把課室打掃得一塵不染，窗明几淨，不用我們親自動手。

　　學校裡有圖書館、水族館、游泳池、天臺、小小博士實驗室、冰雪地……圖書館裡擺放的書本琳琅滿目，讓人目不暇給。水族館裡有一百多種魚兒，同學們可以在水族館裡欣賞美麗的魚兒。同學們也可以在天臺上欣賞夜景、雨景、早晨的天空……在冰雪地帶則有北極熊和企鵝等動物。同學們可以在這兒滑雪，以紓解壓力。

　　學校裡的老師都非常和藹可親，臉上時時刻刻都掛著微笑，不像有些老師，凶巴巴的，動不動就打打罵罵。學校沒有考試，我們不用上那些無聊的課，每天只上美術節、音樂節、體育節……學校裡的老師都非常有愛心，我們說一，老師都不說二。

　　啊，我真希望擁有一枝魔術棒，揮一揮，就可以把原本的學校，變成我理想中的學校，讓我美夢成真，把學校變成每個小孩都愛去的地方。

管阿姨點評

　　如果每天晚上睡覺的時間不算，只算一天二十四個小時中清醒的時刻，我們每天待得最久的地方就是學校了；如果能把學校完全按我們的理想來設計，使學校變成如小作者所說是「每個小孩都愛去的地方」，那該有多好啊！

　　這篇文章就是從這樣的一個奇想開始發展的。小作者的寫作態度相當放鬆，沒有絲毫社教包袱，這是文章的最大特色。

　　小作者除了要把學校搬到風景優美的高山上，「每天，同學們都是搭乘纜車到學校」，還要替學校設計水族館、滑雪場、觀景臺等等，此外，「校工會把課室打掃得一塵不染……，不用我們親自動手」、「學校裡的老師非常有愛心，我們說一，老師都不說二」，處處都是孩子們天真、自然又可愛的幻想，令人讀來也不禁要發出會心的微笑。

未來的鞋子　　　　向紛紛（六年級）

　　三十年後，我已經是一個著名的發明家了，我發明了一種新產品，叫做「四季鞋」。

　　「四季鞋」是用牛皮製造的鞋面，上面安裝了一片太陽能接受片，鋥黑發亮。在鞋跟裡面，分有兩個「小房間」，一個安裝微型空調，有通風管通向鞋裡，與鞋墊平衡，微型空調下面還有一個排廢氣管，可以保持足部乾燥。第二個裝有能量轉換器可以把太陽能轉換成電能。還有一個大旋轉儲存器，用來存儲電能，以便陰雨天烤乾鞋子。

　　寒冷的冬季，當人們長時間看電視、看書或靜坐不活動時，足部會感到很冷，這是因為腳離心臟較遠，血液流動的速度較慢。如果穿上了「四季鞋」，足部的溫度就會得到調節，腳就會感到很溫暖，很舒服。

炎熱的夏天，穿上其他皮鞋會感覺很熱，而「四季鞋」不一樣，穿上後微型空調會自動吹出涼風，管道上的空氣新鮮器會把風送入鞋內，達到降溫、除濕防臭的良好效果。

有了「四季鞋」，不管嚴寒還是酷暑，你的腳都會感到無比舒服。腳舒服了，全身都感到很自在，這樣便達到了延年益壽、強身健體的功效。我相信這種「四季鞋」一定會深受人們的喜愛。

 管阿姨點評

如果是生活在四季分明的地方，所穿的衣服固然是應該隨著季節的變換而添衣或減衣，但是鞋子呢？鞋子換不換呢？如果有一雙「四季鞋」就不用換啦，就大可一年到頭都舒舒服服地穿著；不過，怎麼樣的一雙鞋子才能讓人在四季分明的地方從年頭穿到年尾？一雙理想的「四季鞋」應該是什麼樣子呢？……紛紛小朋友提出了相當周密的設計。

同樣是鞋子，我們來看看另外一個小朋友的創意。

多功能「智能鞋」　　張倩如（五年級）

我想發明一種多功能「智能鞋」。這種鞋的材料主要由蛇皮製成，很有彈性。鞋裡面有夾層，夾層中央還設有微型的太陽能磁片和太陽能儲藏器，鞋底用牛津底，它不容易壞，而且防水。鞋底有花紋，通過花紋還能防滑呢！

喔，你們現在還不知道為什麼叫它「智能鞋」吧？那麼，我現在就來告訴你：因為在鞋的後跟裝有三個按鈕——分別為紅色、綠色、紫色。

紅色象徵熱烈，你如果在冬天穿上「智能鞋」，按下紅色的

按鈕，鞋內的太陽能磁片收到太陽的熱量，就可以發電，並產生暖氣，即便在冰天雪地中行走，你也不用擔心腳被凍僵。

　　綠色使人感到清幽、涼爽，按下綠色的按鈕後，鞋內的太陽能磁片能將太陽能轉變為涼爽的冷氣，讓你不必擔心夏日裡腳丫出汗、發臭。鞋內還有一個微型的太陽能儲藏器，當有太陽時，鞋子一邊利用太陽能，一邊還能將太陽能儲藏起來，以便在陰雨天和下雪天使用。為避免腳受到傷害，在鞋的中部有一個像指甲蓋大小的溫度自動調節儀，它能將鞋內的溫度控制在適合人體的最佳狀態。

　　對了，還有一個紫色的按鈕我沒介紹呢！只要你按下它，鞋底就會馬上彈出一個強力彈簧，它能將你彈向天空，也能帶你飛速地奔跑。

　　朋友，如果真有這樣的多功能「智能鞋」，你想要一雙嗎？

能夠有一雙舒適的鞋子多麼重要！這樣我們才能穿著它舒舒服服地走來走去、跑跑跳跳，但是，是不是因為這樣的鞋子並不好找，所以倩如小朋友才會想發明一雙完美又舒適的鞋子，而且一旦穿上它，甚至還可以飛上天空呢！

　　不過，〈我的家在月亮上〉、〈我理想中的學校〉、〈未來的鞋子〉和〈多功能「智能鞋」〉這四篇作品如果是視為記敘文無妨，如果是視為童話就都有一個共同的現象，那就是似乎都太靜態了；可能是小朋友都只顧著想像一個童話的場景或是一個童話的道具，而忽略了同時也要設計和醞釀故事。如果能夠運用這個場景或是道具來發展一點故事，譬如〈我的家在月亮上〉，萬一哪天月亮上的家和地球完全斷了聯繫怎麼辦？又如〈我理想中的學校〉，萬一哪天上學用的纜車故障，可是主人翁又一定非要趕到學校不可該怎麼辦？或者在〈未來的鞋子〉和〈多功能「智

能鞋」〉中，那麼棒的鞋子一旦出了問題，又會發生什麼樣的情況？

怎麼樣才能使作品擁有比較強的故事性？請不要忘記，訣竅就在於一定要懂得先製造問題！有了問題，然後再讓主人翁設法去解決這個問題，這樣作品讀起來就會有比較強的故事性和戲劇張力，就不會太過平淡了。

| 故 事 欣 賞 |

我與我的通話　　　余雪妮（國二）

在一個悶熱的下午，我閒著沒事做，隨手拿起電話，按下「過去鍵」，再按下號碼「20」，想到二十年前的世界去和五年前去世的爺爺聊天。嘟⋯⋯嘟⋯⋯嘟⋯⋯，電話通了！

「喂，請問妳找誰？」對方抓起電話就問。

「喂，爺爺啊！我好想⋯⋯」我還沒把話說完，對方已毫不

客氣地打斷我的話。

「什麼！爺爺？我才三十四歲，妳叫我爺爺！」對方生氣地說。

在電話另一端的我被罵得莫名其妙，低頭看了電話螢幕，才知道糊塗的我把「過去鍵」按成「未來鍵」。

「喂！喂！有話就快說，別浪費我的時間！」對方似乎很沒有耐性。

「請問……請問妳是誰？」我小心翼翼地問。

「我是余雪妮啊！」對方的語氣開始放軟。

「其實我是二十年前的妳啦！不知道妳目前是從事什麼行業呢？」我好奇地問。

「我啊！我目前是一名海洋生物研究學家。我現在在南中國海海底，海底一隻生物也沒有。我正在研究如何將那些廢棄的物品，變成一隻隻活生生的生物。此外，我也想研究如何將體型龐大的鯨魚縮小成螞蟻一樣小。我正在進行實驗當中，沒想到你沒事打電話給我，電話所產生的聲波將我的實驗都搞砸了啦！」對

方越說越生氣了。

「對不起！」我只能向「我」道歉。

「好了啦！如果沒事的話，我就要掛電話了，有個緊急會議等著我出席！」對方匆匆地掛上電話。

從此以後，我不再認真讀書，我常常在想：反正我長大以後會是一個海洋生物研究學家，還那麼努力幹嘛！

幾個月後，我又給二十年後的「我」通電話，沒想到對方抓起電話就生氣地問：「你是怎麼搞的，學習那麼糟，害我整天在家『拍蒼蠅』，真是氣死我了！」

我方才明白，原來現在與未來的我是息息相關的。

從此以後，我再也不敢馬虎學習了。

大概每個人都曾經幻想過、也很想知道自己未來究竟是從事哪方面的工作，過著什麼樣的生活吧；這篇作品雖然在創意上不算是太新鮮，但整體而言小作者處理得還不錯，而且頗富童趣，特別是未來的「我」，所從事的研究（「如何將那些廢棄的物品，變成一隻隻活生生的生物」、「如何將體型龐大的鯨魚縮小成螞蟻一樣」），實在是非常地異想天開。

　　然而結尾處理得太倉促了，道理也說得太明白了，就好像是在參加什麼考試，眼看時間不夠老師馬上就要收卷了，所以才不得已匆匆作結似地，非常可惜。

|故 事 欣 賞|

書包減肥夢　　　許慧賢（國一）

　　一天，我在房裡做功課。當時我覺得很累。突然，一個畫面

出現在我眼前，令我覺得眼前一亮。我竟然看見一個書包正在做運動。我揉揉眼睛確定我到底有沒有看錯這個令人覺得不可思議的景象，沒想到真的是有一個書包正在做運動，而那個書包正好是我每天帶去學校的那個書包。

　　我的書包正在我家的跑步機上跑步，而且還跑得滿身大汗。他跑了接近一個多小時，幾乎一分鐘都沒有停過。過後，他抹一抹身上的汗，又跑到客廳去拿了一疊雜誌往身上壓。我終於忍不住了，我上前去問他「你在做什麼？」書包便回答我說：「你沒看見嗎？我正在做運動。我實在是太肥了，所以我要運動來減輕我的體重。」

　　說完過後，他便起身拿了針和線。他把線穿進針裡，然後縫他身體有洞的地方。書包自言自語地說道：「我竟然肥到連身體都破了這麼多洞啊！」書包一面哀嘆一面縫著自己有破洞的地方。縫完後，他就莫名其妙地從廁所拿了一盆裝滿燒水的盆，忍著痛苦，跳進燒水裡面。我嚇了一大跳。書包看見我驚嚇的表情，就告訴我他跳進燒水裡面的目的。他說他跳進燒水裡面是為

了可以盡快紓解他的壓力，不讓他自己變得那麼肥。

看了書包做那麼多的動作後，我才恍然大悟。其實是我弄到我的書包那麼肥，破了很多個洞。我應該每天都依照時間表來收拾書包，不應該每天都帶那麼多書去學校。

突然，我聽到一個聲音。我慢慢地睜開眼睛。當時，我才發現到我的鬧鐘鈴聲在響，而我剛才所看見的其實只是一場夢而已。而剛才的那場夢，令我開竅了許多。從那天起，我就開始依照時間表來收拾書包。

 管阿姨點評

這真是一篇可愛的童話。好的童話都是取材自生活，往往只需要靈光一現，有一個小小的巧思來做為中心精神就已足夠。我們常說應該替學生的書包「減負」──減輕負擔，不知道小作者的構思是不是就是從「替書包減負」這一個點開始，然後再慢慢加以擴展和豐富的？

此外，一般在說應該替學生的書包減負時，通常都是伴隨著

批評現今的教育制度，認爲都是競爭慘烈的升學壓力才害得孩子們的書包那麼沉重，感覺都是比較嚴肅的，而小作者卻把造成書包「肥胖」的原因放在自己身上，這樣的處理倒是相當聰明，和作品整體輕鬆的文風非常符合。

點子3 卡通化

在第一章〈童話的關鍵元素〉中，我們曾經談過精彩的童話往往會是「想像力非常飽滿」、「誇張」、「幽默」和「滑稽」的；那麼，該如何表現這些特質呢？其實很簡單，只要你能夠善用卡通化的手法就行了。

卡通化的手法真的很好用，首先，是很能激發聯想。比方說，大家只要想一想，在《貓和老鼠》（《湯姆與傑利》）中，湯姆到底用過多少種方式來抓傑利？傑利又用過多少種方式來

整湯姆？你一定會發現，這些招數還真是不可思議的多！也就是說，只不過是一個很簡單的「湯姆抓傑利」或是「傑利整湯姆」這樣一句話或者應該說是一個概念，居然就能發展出那麼多的點子，真是好玩。在卡通中我們經常可以看到這樣的例子，卡通總是能夠把一個很單純很單一的概念拚命挖掘、拚命聯想，童話寫作其實就是很需要這樣的思維方式。

同時，卡通化的思維，也很能製造出許多陰錯陽差的誤會，加強故事的趣味性和戲劇感。

| 故 事 欣 賞 |

肉麻王子的噩夢　　　管家琪

從前，有一個王子，講話總是誇大得要命，尤其是在追女朋友的時候，他總喜歡這麼說：「親愛的，我願意為妳做任何事！我真巴不得能為妳摘下天上的星星，因為只有星星在黑夜裡耀眼

的光芒，能象徵妳是如何溫暖我的心……」

很肉麻，肉麻得要命，對不對？奇怪的是，王子到過很多國家，追過很多地方的女孩子，她們居然都還滿喜歡的；而王子自己呢，也為這一套非常管用的甜言蜜語感到得意極了。

直到那個可怕的夏夜……

那天晚上，原本是一個平常又美麗的夜晚。空氣很清新，星光閃耀，還有微風迎面吹來，非常的舒服。王子和「拉拉國」的公主並肩坐在一起，心情一好，又熟練地胡說八道起來。

萬萬沒有想到，當他一說到「我真巴不得能為妳摘下天上的星星」時，忽然聽到一聲轟然巨響，竟然真的有一顆星星掉了下來！而且就掉在他們附近，還把地面砸出一個大洞！

「哇！」王子和公主都嚇壞了，顧不得撿起被震落的王冠，就急急忙忙拔腿開溜。

事後，王子曾暗暗想著：「奇怪，是我講得太過分了嗎？還是純粹只是巧合？」

他自然很希望、很願意相信完全只是巧合，所以很快也就不

再去為這件事傷腦筋。然而，事情其實並沒有結束，這只是一個開始。

以往非常管用的「我真巴不得能為妳摘下天上的星星……」現在竟成了一道魔咒，從「拉拉國」公主開始，「哈哈國」、「拉米國」、「米拉國」……數不清的公主都遭了殃，因為她們都在聆聽肉麻王子的肉麻廢話之後，差一點被從天上掉下來的流星給砸個正著！

「點點國」的公主最慘，她還碰上了流星雨！

世界各國的公主很快就通通聯合起來，大家約好再也不要理肉麻王子，再也不要跟他在一起，原來聽多了他的廢話會倒楣的。

唉，原來很受公主們歡迎的肉麻王子，現在卻備受冷落，沒有一個公主願意和他做朋友。

「這樣吧，我換個說法好了，不要再提那些鬼星星了。」這天晚上，王子坐在樹下苦思，抬頭看見皎潔的月亮，忽然靈機一動，「有了，不說星星，說月亮嘛！對，就這麼說：『親愛的，

我真巴不得能為妳摘下天上的月亮……』」

王子的話還沒有說完，就不由自主地張大著嘴巴，呆呆地瞪著月亮。

他簡直不敢相信自己所看到的景象──美麗的月亮，正在一點一點地消失！

「哇！饒了我吧，我再也不敢這麼誇大啦！」王子緊緊抱著頭，落荒而逃；他真怕月亮待會兒也會掉下來！

可憐的王子，他還不知道自己所看到的其實是「月蝕」啊！

♛ 管阿姨的創作心得分享

在這個故事表面的誇張之下，其實還是暗扣著一種天象上的巧合；不過，這是只有作者、讀者才知道，故事中的人物並不知道，於是乎，在故事中的人物看起來，就實在是很誇張了。

說再見的方式　　　　管家琪

大象夫婦住在「青青草原」已經很久很久了。

「青青草原」所有的動物都知道，大象夫婦非常恩愛。這是因為，象太太閒來無事，總喜歡和左鄰右舍猛誇象先生多麼疼她，對她又是多麼溫柔體貼。大夥兒對於象太太的聒噪，多半都頗能容忍，老鄰居啦！每一個人都很清楚，象太太是個單純快樂的人。她老講同樣的話，只不過是想要朋友分享她的幸福罷了。

但是，自從斑馬夫婦搬來之後，一向天真開朗的象太太開始有了心事。事情是這樣的。有一天清晨，象太太心血來潮，早起做運動，經過新來的鄰居家，剛巧看見斑馬先生提著公事包在跟斑馬太太道別。

「親愛的，我走了！」斑馬先生說，並且在斑馬太太的面頰上輕柔地親了一下，「晚上見！」

象太太看得非常心驚，也非常心動。她暗暗想著：「他跟太太道別的方式多麼浪漫呀！」接下來則是一個令人困惑的問題——為什麼象先生從來不曾這樣？

象太太愈想愈不舒服，愈想愈難過。她很想要求象先生，以後每天早上也能以那樣的方式跟她說再見；但猶豫再三，還是不好意思開口。於是，她決定給先生一個暗示。

她把門口信箱重新粉刷，位址也悄悄更改了。「青青草原十三號」，現在變成「親親草原十三號」。可是等了三天，象先生除了說「嗯，天藍色的信箱很好看」之外，再也沒有別的表示。每天早上臨上班之際，還是和以前一樣，只用那肥肥長長的鼻子在她額頭上拍一拍，拍完就走了。這個動作，以往象太太一直覺得很可愛，現在不知道怎麼搞的，總覺得古怪，好像是在拍小狗似的。

終於，肚子裡藏不住心事的象太太憋不住了。有一天，一吃過晚飯，她連碗筷都還沒收拾，就氣呼呼地走到象先生面前，長鼻子大力一掃，狠狠掃掉了象先生的報紙，大吼道：「喂！我對

你非常不滿,我們來溝通!」

象先生一臉茫然:「怎麼啦?」

象太太聲淚俱下地開始訴說,人家斑馬先生對斑馬太太有多好,連說再見的方式都那麼特別。

「妳別那麼激動。」象先生連忙安慰象太太,「我不懂有什麼特別,我不是也常叫妳『親愛的』,有時候我還叫妳『小可愛』哩!」

「笨蛋!『親愛的』不是重點啦!」象太太又急又氣,只好從頭再詳細講一次。

「妳的意思是說我沒有跟你說『晚上見』?」愣頭愣腦的象先生還是搞不懂象太太究竟在氣些什麼,「可是我有說『我下班後就回來』呀!我每天都有說呀!」

「哎呀,真是笨死了!」象太太臉紅脖子粗地嚷道,「我是要你不要再用鼻子拍我的頭了,最好也能像斑馬先生那樣親親我的臉嘛!」

象先生聽了,呆了半晌:「可以這樣嗎?」

「怎麼不可以！」象太太的火氣又來了，「我是你的老婆呀！笨蛋！」

第二天早上，大象夫婦決定要效法斑馬夫婦，用浪漫的方式來道別。可是，他們很快就發現，事情並不如想像中那麼簡單。

「哎，妳的鼻子別動個不停嘛！擋住了我的視線，我對不準妳的臉呀！」象先生咕噥著。

「喂，你的鼻子能不能挪開一點？礙手礙腳的！」象太太也不住抱怨著。

夫妻倆忙得滿頭大汗，仍然不得要領。更慘的是，兩個人的長鼻子都揮舞不停的結果——糟糕！竟然打結了！

「怎麼會這樣？」象先生和象太太慌慌張張地拚命拉扯，想把長鼻子分開，卻反而愈扯愈緊。最後，沒辦法了，只好尷尬萬分地去找鄰居求助。兩個人胖胖的身體被迫一起擠出大門時，還把兩根門柱給擠歪了。

大夥兒看到大象夫婦如此「恩愛」，都笑彎了腰。笑了半天才開始認真想辦法。

長頸鹿說：「要是在打結的地方，噴一些肥皂水，也許會比較好分開。」

　　燕子說：「我從天空往下看比較容易看出打結的地方，你們只要聽我指揮，應該可以慢慢鬆脫的。」

　　大灰熊說：「我看還是分兩組來拔河比賽，一定可以分開。」

　　其他朋友也提供了一大堆稀奇古怪的建議，這些建議也幾乎一個個都試過了，但除了使大象夫婦變得鼻子紅腫、渾身濕漉漉，還外帶暈頭轉向之外，一點用處也沒有。

　　最後，當大夥兒正一籌莫展之際，斑馬夫婦因為聽到吵鬧聲，正好聞聲而來。

　　斑馬先生走近大象夫婦，努力克制自己不笑出來：「怎麼回事？你們──」

　　沒想到，話還沒說完，他頸背上的鬃毛無意中觸到了象先生的鼻孔，「哈啾！」一聲，象先生打了一個天大的噴嚏，嘿！大象夫婦糾纏不清的象鼻，竟然奇蹟般地分開了。

「哇！好棒！」大夥兒都好高興，圍在大象夫婦旁邊又蹦又跳。

斑馬先生還想繼續他的問題：「你們剛才怎麼會變成那樣？」

「算了！算了！別提了！」象太太十分難為情。

象先生呢，還坐在地上直喘氣，一臉冤枉地說：「我們只是要說再見而已啊！」

👑 **管阿姨的創作心得分享**

如果兩頭大象面對面，然後鼻子都揮來揮去，結果居然會打結在一起，這大概是只有在卡通裡才會出現的場面吧！可是，有什麼關係，運用這種卡通化的想像，就足以發展出一篇童話。

點子4 有話要說（有意見想要表達）

　　童話寫作就跟一般的作文一樣，作者往往也是「有話要說」，然後「不吐不快」的。所以，當你「有話要說」、「有意見想要表達」的時候，一定不要輕易放過，要好好地想一想，再設法用童話的形式表達出來。

　　不過，如果一篇童話，你的寫作靈感最主要就是來自於「有話要說」，有一點要注意的是，不要太急著說，更不要說得太快，因為，如果說得太急、太快，很容易就會把一些所謂的道理說得太直接也太表面，這會大大影響作品的文學性。

　　文學創作是很需要提煉的，所以一定要耐煩，當一個意念從我們的腦海裡冒出來，一個靈光從我們的腦海裡閃過，我們要做的首先是要趕緊抓住它，我覺得最好的方式就是趕快記下來，接

著就是要耐著性子慢慢地想，讓它有機會去慢慢發酵。創作固然是很需要激情，但很多時候如果能夠讓這個激情稍微沉澱一下再寫，表現可能會更好。

| 故 事 欣 賞 |

井底之蛙的邀請　　　虞情裯（五年級）

一隻青蛙生活在河裡，他白天捉蟲子，晚上唱著歌，過著幸福的生活。

在不起眼的深井裡住著另外一隻青蛙，他們倆是好朋友。儘管兩地分隔，但他倆非常友好。每當夜幕降臨，他們就大聲地唱歌，聊天，互相吐露心聲。

不知什麼時候，河水被污染了，變得又黑又臭，河裡那隻青蛙的歌聲越來越少，井底之蛙十分同情朋友的遭遇，熱情地發出邀請：「你快過來吧，我這裡的水可舒服著呢！又清澈又涼

快！」

「怎麼可能？」河裡的青蛙根本不相信。「你一定是記錯了。水流清澈那是很久以前的事了，現在太臭了，到處都一樣！」

「不對，不對！井裡的水確實很好，你快來吧！」

「唉！」河裡的青蛙長嘆了一口氣，「難道我的見識還會比你少嗎？在這一條小河裡，我從上游一直到下游，沒有一處有乾淨的河水！我的朋友，你別安慰我了。我再等等吧，或許，下一場大雨會好些的……」

奇蹟始終沒有出現，河水再也沒有清澈起來。幾天後，河裡的青蛙死掉了。

朋友的歌聲沒有了，井底之蛙十分難過。「井水確實是乾淨的！如果他接受了我這個井底之蛙的邀請，他就不會被污水害死的。」

井底之蛙為這個殘酷的事實而傷心。而他的好朋友到死也不知道怎麼回事。

其實，井底之蛙的知識雖然有限，但是對於那口深井來說，他可是最有發言權的。

 ## 管阿姨點評

這篇作品相當有意思。首先，一般我們在說「井底之蛙」的時候，幾乎都是帶著一種貶意，因此一看到這篇作品的題目——〈井底之蛙的邀請〉時，很容易就理解成井底之蛙可能要提出什麼荒唐可笑的想法，沒想到故事的發展完全不是那麼回事，給人一種出人意表的效果。

尤其難得的是，小作者還說出了一個很有說服力的道理（「井底之蛙的知識雖然有限，但是對於那口深井來說，他可是最有發言權的。」），這就好像術業有專攻，或是行行出狀元一樣，每一行都有每一行專業的部分，如果有誰動輒就自認自己什麼都懂，這個人如果不是愚蠢就是過分的狂妄自大。最後，是關於那隻生活在河裡的青蛙，小作者說他「到死也不知道怎麼回事」，事實上有多少人都像這隻青蛙一樣，抱殘守缺，固執己見，碰到問題除

了癡癡地空等奇蹟之外完全拿不出積極具體的努力方案。

也許小作者在創作的時候不一定真的就是想要表達這麼多的意涵，但是，一篇作品如果能夠讓讀者聯想到許多，不管是所謂的發人深省，或是所謂的留有餘味，總是好事。

|故 事 欣 賞|

狐狸的覺悟　　邵銳昂（四年級）

有一天早上，狐狸一醒來，覺得肚子餓了，於是像往常一樣，偷了幾隻雞回來吃。

吃完了以後，狐狸心滿意足地拍拍肚子，正準備休息。忽然聽到外面傳來雞媽媽著急的呼喚聲：「小雞，小雞，你在哪裡？」狐狸開始還有點得意，只聽見雞媽媽的聲音愈來愈悲傷了，狐狸的心也開始一點點往下沉。這時，他想：「假如是我被壞人捉走了，我的媽媽一定也會跟雞媽媽一樣難過的，假如我的

孩子不見了，我也一定會悲傷的。」狐狸突然覺得小雞好可憐，還想到自己平時為了一點便宜，騙了許多小動物……他愈想愈害怕，於是決定以後再也不吃小雞，不騙其他動物了。

狐狸看了看日曆，突然想了起來：「今天是獅子的生日，獅子會把整個森林的動物都抓去當晚餐的，當然，除了我之外。」狐狸於是召集森林裡所有的動物，對他們說：「今天晚上千萬……不要出來……因為今天晚上是……獅子的……生日。」狐狸第一次說真話，所以有些結巴，動物們都不相信，以為又有陰謀。

第二天，當狐狸走在路上的時候，獅子一下扯住狐狸，狐狸轉過頭來，只見獅子笑瞇瞇地說：「多虧了你說的那些話，讓我吃了一次大餐。」狐狸滿臉疑惑。

原來，一個經常說謊的人，說了真話別人也不會相信的。

管阿姨點評

　　這篇作品的最後一句話——「原來，一個經常說謊的人，說了真話別人也不會相信的。」——這大概就是作者銳昂小朋友想要表達的一個看法和想法吧。幸好銳昂對於這個想法只是點到為止，並沒有再繼續申論下去，如果繼續申論下去、如果說得太多，就會顯得很教條、也很生硬；事實上，銳昂想要表達的這個觀點也不需要多說，因為，既然「一個經常說謊的人，一旦說了真話別人也不會相信」，那麼自然是平常就應該多說真話、少說假話，來建立自己的信譽了，這些是即使作者不多說、讀者也還是很可以理解的。

6

結語

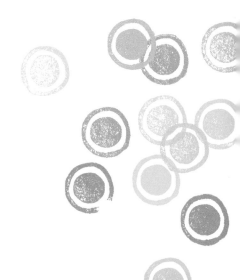

在這一冊裡，我們更進一步地闡釋了有關童話寫作的技巧。特別是有關於童話的邏輯性、優秀童話的元素、如何「小題大作」等等，希望大家配合著故事賞析慢慢琢磨。

此外，除了童話，我建議大家不妨也多讀一些科幻小說、奇幻小說和魔幻小說，譬如《科學怪人》（瑪麗·雪萊）、《化身博士》（史蒂文生）、《格雷的畫像》（王爾德）、《小氣財神》（狄更斯）、《熱氣球上的五星期》（凡爾納）、《時光機》（威爾斯）、《青春之泉》（霍桑）、《納米亞傳奇》（路易斯）、《說不完的故事》（麥可·安迪）等等，這些都有如是童話的「近親」，都充滿著濃厚的童話色彩，都非常值得一讀。

最後，祝福所有的小朋友和大朋友都能經常待在可愛的童話世界裡，並且經常用童話的角度來看世界，讓世界變得更可愛！

願童話與你同在！

九歌小教室 03

表達，為童話譜寫美麗的樂章

讀童話學作文（進階）

作者	管家琪
責任編輯	鍾欣純
發行人	蔡文甫
出版發行	九歌出版社有限公司
	臺北市105八德路3段12巷57弄40號
	電話／02-25776564・傳真／02-25789205
	郵政劃撥／0112295-1
九歌文學網	www.chiuko.com.tw
印刷	晨捷印製印刷股份有限公司
法律顧問	龍躍天律師・蕭雄淋律師・董安丹律師
初版	2011（民國100）年7月
定價	240元

書號	0176403
ISBN	978-957-444-772-5

國家圖書館出版品預行編目資料

表達，為童話譜寫美麗的樂章：讀童話學作文
　（進階）/ 管家琪著. -- 初版. -- 臺北市：
九歌，　民100.07
　　面；　公分. -- (九歌小教室；3)
ISBN 978-957-444-772-5(平裝)

1. 漢語教學　2. 童話　3. 寫作法　4. 小學教學

523.313　　　　　　　　　　　　　100009838